KB141269

운명경영

새벽에 홀로 탐독하는 운명 개척 솔루션

운명경영

정인(正因) 지음

한스컨텐츠

운명을 바꾸는 일에 관하여

사람이 살아가면서 운명에 대해 관심을 갖는 계기는 다양하다. 가장 흔한 경우가 삶의 과정에서 감당하기 힘든 실패를 겪었을 때다.

1990년대 후반 함께 운명학을 공부하던 C형은 지독한 실연의 아픔을 겪고 나서 자신이 왜 이런 일을 겪어야 하는지 궁금해서 사주를 공부하기 시작했다고 말했다. 이외에도 열심히 일했음에도 불의의 사건들로 사업에 실패한 사람, 사랑해서 결혼하고 가정을 지키고자 했지만 이혼한 사람 등이 사주를 보거나 운명학에 관심을 갖고 공부를 시작한다.

말하자면 사주는 종교적인 고담준론(高談峻論)을 나누고 극락 같은 내세를 약속하는 것이 아니라 재물과 건강, 취업 같은 지금 현재의 일상 문제들을 다룬다. 사주를 보는 많은 사람들 역시 철학자가 아니라 사업가나 회사원, 공직자 등과 같이 지극히 현실적인 이들이다.

그러면 사주의 기원을 어디서 찾을 수 있을까? 사주명리학 최고(最古)의 고전『연해자평(淵海子平)』은 말한다.

"황제가 도탄에 빠진 인간을 구할 수 있는 법을 알려달라고 하늘에 빌었더니 하늘에서 내려온 것이 십간십이지(十干十二支)였다. 이후 황제는 십간을 하늘의 형상으로 삼고, 십이지를 각 방위에 분포하여 땅의 형상으로 삼았다. 이것으로 관제(官制)를 정하고 집집마다 내려보냈으니 능히 세상을 다스릴 수 있게 되었다.

이후 대요씨가 후세인들을 걱정하여 말하기를 황제도 능히 악살(惡殺)을 모두 다스릴 수는 없었는데 후세인들이 재앙과 고통을 만나면 장차 어찌할까? 이에 십간과 십이지를 분배하여 육십갑자(六十甲子)를 만들었다."

사주명리학을 언어에 비유하자면 십간(十干)과 십이지(十二支)는 자음이나 모음과 같은 음소이며, 십간과 십이지의 조합으로 만들어진 기해년·경자년·신축년 할 때 사용하는 육십갑자는 가나다라와 같은 음절이라고 할 수 있다.

이 육십갑자를 바탕으로 세상과 인간의 미래를 내다보는 운명학이 만들어졌으니, 운명학의 기원은 어떤 철학적인 메시지를 전달하기에 앞서 당장 인간을 재앙과 고통으로부터 구원해내기 위해서다.

이 책을 쓴 목적도 마찬가지다. 먹고살기도 바쁜데 언제 관상, 사주명리학, 점성술 같은 운명학을 공부할 시간이 있겠는가? 사주명리학을 교육할 의도가 아니라 운명학의 핵심적인 이치를 바탕으로 운명학이 말하고자 하는 가장 실용적인 지혜를 일반 대중에게 전달하는 것이 목적이다. 그 정수를 얻을 수 있다면 굳이 운명학 전반을 공부하지 않아도 자신의 운명을 스스로 경영할 수 있다.

그것은 어떻게 가능한가?

대학교 1학년 스무 살 때, 지방대 의대를 간 친구 J가 여름방학 고향에서 만났을 때 재미있는 이야기를 했다. 자기 교수님 중에 독특한 분이 계신데, 그분 말씀이 교통사고를 비롯한 사람이 살아가며 겪는 다양한 사건·사고가 그 사람의 타고난 성격이나 기질과 관련이 있다는 것이다. 나는 그때까지만 해도 그 말을 완전히 납득하기는 어려웠다. 사건·사고는 운이고 성격이나 기질은 그 사람의 내면적인 요소인데, 어떻게 그럴 수 있단 말인가?

그러나 내가 그다음 해부터 특별한 일을 계기로 본격적으로 운명학을 공부하기 시작하면서 가장 흥미로웠던 부분이 바로 그 지점이었다.

재물운, 결혼운, 관직운 등 소위 '운'이 개인의 성품과 하나의 카테고리로 밀접한 관련성을 갖고 굴러간다는 것이었다. 나의 성품, 나의 삶에 대한 태도와 나의 운, 심지어 인생에서 겪는 여러 사건·사고가 같은 메커니즘으로 돌아간다는 것은 놀라운 발견이었다.

예를 들어 자신이 태어난 생월과 생일이 극심한 상극 관계로 형성되어 있으면 이 사람은 부부궁이 아름답지 못해 이혼하기 쉽다. 그런데 이것은 성격을 설명하는 데에도 그대로 사용된다. 즉 생월과 생일이 극심한 상극 관계로 형성되어 있으면 이 사람은 싸움에서 물러서지 않는 장수와 같은 사람이 된다.

만일 생월과 생일이 서로 상합하면서 반대편의 오행으로 되어 있으면 이것을 원진살(元嗔煞)이라고 하는데, 부부가 늘 싸우면서도 헤어지지 못하고 함께 사는 사주가 된다. 이 이치로 성격도 설명하는데, 원진살은 귀문관살(鬼門關殺)과 마찬가지로 그 성격이 까다롭고 히스테릭해 정신병적인 기질이 있다.

이것은 가장 단순한 예를 든 것에 불과하며, 사주명리학의 모든 구조는 재물과 직장, 몸을 다치는 것, 질병 등이 모두 개인의 특정한 성격 기질과 하나의 카테고리로 유관하게 돌아간다. 태어날 때 나의 기질이 정해지고, 그 기질과 나의 여러 운이 하나의 방식으로 전개된다는 것이다.

마야 문명은 16세기 에스파냐의 침략으로 멸망했는데, 기원전 3000년경에 시작해 기원후 300년에 가장 융성했던 중앙아메리카 인디언의 문명이다. 마야 문명에서는 한 아이의 출생 시점에 그 아이의 미래 직업이 결정된다는 것이 보편적인 상식이었다. 엄마 뱃속에서 나올 때 천문(天文)이 어떤 상황인가에 따라 그 기운을 받은 아이의 운명이 결정된다는 것이다.

그렇지만 태어난 시점은 바꿀 수가 없으니 우리는 운명에 대해 어떤 태도여야 하는가?

내가 포착한 것은 그 지점이었다. 만약 기질이나 성격과 운명이 같은 구조로 전개된다면 바꿀 수 있는 부분인 마음을 바꾸면 운명도 변화할 수 있는 것이 아닌가? 옛사람들의 주불여상 상불여심(柱不如相 相不如心, 사주가 관상만 못 하고, 관상은 마음만 못하다)이라는 말은 이러한 깨달음에서 비롯된 것은 아닐까?

운명을 한 치도 바꿀 수 없다면 사주를 상담하는 일도 별무소용으로 지금껏 살아남을 수 없었을 것이고, 수천 년 전 인류를 고통으로부터 구원하기 위해 시작되었다는 등등의 말도 하지 않았을 것이다.

타고난 숙명을 바꿀 수는 없어도 운명의 길을 스스로 개척할 수는 있다. 즉 산이나 강과 같은 지형은 바꿀 수 없고, 소나기가 내리고 가뭄이 드는 날씨를 바꿀 수는 없어도 튼튼한 배와 우산은 준비할 수 있다. 다시 말해 운명을 바꿀 수는 없어도 관리할 수는 있다. 그것이 운명경영이다.

그렇다면 또 이런 질문을 던질 수 있을 것이다. 세 살 버릇 여든까지 간다는데, 과연 천성을 바꾸는 것은 가능한가?

최근까지 국내 최고의 개그맨 유재석 씨가 트로트 열풍에 힘입어 유산슬이라는 활동명으로 큰 인기를 끌었다. 이때 사람들은 유산슬을 유재석의 '부캐릭'이라고 했다. 부캐릭이라는 말은 '부캐릭터'의 줄임말이다. 유재석이라는 본래 성향과 이름이 있고, 유산슬이라는 트로트용으로 만든 이름과 성향이 따로 있다는 것이다. 인간은 자기 자신을 반성하고 인식할 줄 아는 영적인 존재이기에 이렇게 상황에 걸맞은 캐릭터를 생성할 수 있다.

말하자면 천성은 바꿀 수 없지만, 그것을 보완할 수 있는 이차적인 기질은 스스로 생성할 수 있다는 것이다. 그리고 그것이 인생의 위기에서 자신을 구해낼 수 있고, 나아가 자신의 인생을 더욱 풍요롭고 아름다운 것으로 만들어나가는 큰 힘이 될 수 있다.

과거 유학자들은 서로의 도가 통하고 뜻만 맞으면 나이와 상관없이 친구가 되었다. 신 앞에서 모두가 평등한 것처럼 도를 논하는 선비에게 세속의 나이는 그다지 중요하지 않았던 것이다.

조선 최고의 철학자 중 한 사람인 율곡 이이 선생이 자신보다 한 살 많은 친구 우계 성혼과 화석정 아래에 뱃놀이를 나간 적이 있었다. 두 사람이 강의 중심에 이르렀을 때 갑자기 풍랑이 일어나 배가 심하게 흔들렸다. 성혼은 우왕좌왕하는데, 율곡은 뱃머리에 앉아서 태연하게 시조를 읊었다. 이 모습을 본 성혼이 꾸짖듯이 물었다.

"자네는 어떻게 그렇게 처신을 하는가?"

"우리 두 사람이 익사하지는 않을 걸세"

율곡은 웃으며 대답했고, 풍랑은 잠시 후 멈췄다.

율곡은 자신이 어떻게 할 도리가 없는 일에 대해서는 하늘의 이치를 따르는 것이 옳다고 생각했으며, 또한 명경지수(明鏡止水)와 같은 마음으로 운명을 직관하건대 자신들이 아직 죽을 때는 아니라고 믿었기 때문에 평온할 수 있었다.

율곡은 『격몽요결(擊蒙要訣)』에서 이렇게 말했다.

"사람이 타고난 용모가 추한 것을 아름답게 변화시키기 어렵고, 타고난 힘이 약한 것을 강하게 바꾸기 어려우며, 단신을 장신으로 바꾸는 것도 불가능하다. 오직 사람의 심지는 지혜롭게 변화시킬 수 있으니 모자란 것을 현명하게 바꿀 수 있다. 그 이유는 모든 인간의 타고난 본성이 깨끗하게 비어 있으면서 또한 신령스럽기 때문에 천품에만 얽매이지 않기 때문이다."

여기서 천품이란 사주명리학에서 자신의 운을 좌우하는, 출생 시에 부여받은 타고난 기질과 성품이라고 할 수 있다.

율곡은 왕을 가르치는 위치에서 『성학집요(聖學輯要)』라는 제왕학을 저술했다. 여기서 율곡은 인간이 태어날 때 천품은 청탁후박(清濁厚薄)의 차이가 있지만, 본성은 허령(虛靈, 비어 있고 영험함)하기에 교기질(矯氣質)을 통해 바뀔 수 있다고 역설했다.

청탁후박이란 맑고, 탁하고, 두텁고, 얇다는 것이다. 청탁수박(清濁粹駁)이라고도 한다. 교기질은 기질을 바꾼다는 것이다. 즉 인간이 타고난 기질은 다르지만, 인간은 만물의 영장으로 만 가지 도리가 담긴 영혼의 존재이기에 기질을 후천적으로 전환시킬 수도 있다는 이야기다.

운명도 마찬가지다. 타고난 사주가 말하는 기질이 청탁후박에 따라 천차만별이지만, 인간 자체가 영적인 존재이기에 기질을 바꾸거나 적어도 부캐릭터처럼 후천적인 기질을 덧입힐 수 있다고 생각한다.

세파(世波)에 침몰하려던 내담자가 운명 상담을 통해 혼돈을 극복하고, 마음의 중심을 찾아 다시 앞으로 나갈 수 있는 것은 이러한 인간 본성으로 회귀해 자신을 변화시킬 수 있기 때문이다. 그렇기에 먼 옛날 육십갑자로부터 시작한, 인간을 구원할 수 있는 운명 철학의 지혜는 오랜 성인들의 지혜와 맞닿아 있다. 나는 그러한 지혜를 전달하기 위해 오랫동안 공부하고 가르친 운명학의 이치와 오랜 상담 경험을 바탕으로 이 책을 썼다.

1장에서는 이 책을 읽기 위해 최소한으로 알아야 할 운명학의 근본적인 이치를 다룬다. 사주명리학에 대해 전혀 모르시는 독자분들은 1장을 읽어야 2장에서부터 시작되는 본문을 이해할 수 있을 것이다.

2장에서 7장까지는 연애운, 출세운, 재물운, 대인관계운, 위기 극복, 평생의 지혜를 테마로 운명을 경영하는 방법을 설명하고 있다. 한편 각 장에 포함된 32개의 실제 상담 사례는 프라이버시를 위해 개인 정보에 관한 내용은 상당히 각색했다.

운명을 모두 알기는 어렵고, 완전히 피해 갈 수도 없다. 하지만 운명학의 철리를 바탕으로 운명을 경영할 수는 있다. 이 책을 읽는 독자분들이 운명 앞에서 미래를 두려워하며 하루하루 불안해하는 수동적인 삶이 아니라 자신의 운명을 적극적으로 경영하는 자기 주도적인 삶으로 업그레이드하길 바란다.

Contents

1장

운명학,
가장 오래된 지혜

01

사주팔자란 무엇인가?

　중국 역사상 최고의 문화국으로 공자가 늘 그리워했다는 주(周)나라를 세운 무왕(武王)은 강태공을 스승으로 삼아 폭정을 일삼던 상(商)나라를 멸망시키고 천하를 얻었다.

　강태공의 본래 이름은 강상(姜尙)이었고, 자(字)는 강자아(姜子牙)였다. 그런데 무왕의 아버지인 태공이 당대 내려오는 전설에 따라 오랫동안 그리워했던 인물이기에 태공(太公)과 '바랄 망(望)'자를 써서 태공망 혹은 강태공이라고 불렸다.

　강태공이 마천금이라는 악처를 만나 고생한 이야기와 빈 낚싯대를 드리우며 세월을 보냈다는 이야기는 유명하다. 강태공은 후일 제후국 제(齊)나라의 왕이 되었으며, 워낙 비범한 능력을 많이 보였기에 물속에서 30일을 살았다는 전설이 전해지는 등 신비화되기도 했다.

하지만 그의 실제 삶은 인간적이었고 고통스러운 나날들의 연속이었다. 집안이 몰락한 후 마천금을 부인으로 맞아 마씨 집안에 데릴사위로 들어갔다가 쫓겨난 이후에는 여러 직업을 전전하면서 한 곳에 안주하지 못했다. 그런데 그의 가장 주요한 생계수단이 점을 치는 것이었고, 사람들의 운명을 예측하는 일로 이름을 얻고 밥벌이하며 힘든 세월을 견뎌냈다는 것은 잘 알려지지 않은 이야기다.

그때가 지금으로부터 약 3000년 전의 일이니 음양오행학과 운명학의 역사는 얼마나 오래되었는가? 심지어 학자들의 연구에 의하면 주나라 이전의 상나라에서는 역점(易占)이 성행했는데, 음양오행학의 역사는 그보다 더 오래되었다고 한다. 황제 복희씨가 활동하던 삼황오제(三皇五帝) 시절부터 있었다고 하니 서장의 『연해자평』에 나온 육십갑자 이야기 역시 삼황오제 시절의 이야기다. 여기서 황제(黃帝)는 직책으로서의 황제(皇帝)가 아니라 고대 전설적인 제왕의 이름이다.

그렇다면 이런 유구한 역사를 가진 운명학, 사주는 어떤 구조를 가지고 있는가? 사주팔자는 내가 태어난 연월일시(年月日時)의 육십갑자, 간지(幹枝)로 구성되어 있다. 연월일시 4개에 간지가 각각 2개씩이므로 4×2=8로 8개의 글자가 도출되는 것이다. 육십갑자를 세로쓰기하면 기둥 모양 같다고 해서 각각 '기둥 주(柱)'자를 붙여 연주, 월주, 일주, 시주라고 한다. 정리하면 다음과 같은 모양이 된다.

생시	생일	생월	생년
시간	일간 (나 자신)	월간	연간
시지	일지	월지	연지
시주	일주	월주	연주

하늘 = 천(天)
줄기 = 간(幹)

땅 = 지(地)
가지 = 지(枝)

주는 기둥 주(柱)
4개의 기둥(연주, 월주, 일주, 시주)

8개의 글자(연간, 연지, 월간, 월지, 일간, 일지, 시간, 시지)는
사주팔자

예를 하나 들어보면 2020년 3월 10일 오후 18시 10분 출생인

남자아이의 경우 다음과 같은 사주팔자(四柱八字)가 도출된다.

姓名: 홍길동
陽曆 2020年 3月 10日 18時 10分 乾
陰曆 2020年 2月 16日 18時 10分

時	日	月	年
己	壬	己	庚
酉	子	卯	子

2020년에 의해 경자(庚子)년이, 3월에 의해 기묘(己卯)월이, 10일

에 의해 임자(壬子)일이, 18시 10분에 의해 기유(己酉)시가 도출되어

사주팔자가 만들어지는 것이다(이것은 물론 쉽게 이해하게 하기 위해 설

명을 아주 간략하게 한 것이다).

여기서 갑을병정무기경신임계(甲乙丙丁戊己庚辛壬癸)는 하늘이며 줄기에 해당하는 천간이고, 자축인묘진사오미신유술해(子丑寅卯辰巳午未申酉戌亥)는 땅이며 가지에 해당하는 지지다. 간지(幹枝)는 간략한 글자로 줄여서 간지(干支)라는 한자로 더 많이 표기한다. 천간(天幹), 지지(地枝) 역시 천간(天干), 지지(地支)로 표시하는 경우가 더 많다.

천간은 10개이므로 십천간 혹은 십간이라고 하며, 지지는 12개이므로 십이지지 혹은 십이지라고 한다.

예전에는 『만세력(萬歲曆)』이라는 책을 통해 이렇게 생년월일시를 사주팔자로 전환했다. 하지만 요즘은 세상이 좋아지다 보니 간단하게 스마트폰 만세력 앱을 다운 받거나 PC에서 만세력을 검색해 보면 프로그램화되어 있어서 쉽게 자신의 사주팔자를 찾을 수 있다. 다음 절에서는 내 사주팔자 찾는 법을 간략하게 살펴보자.

02

나의 운명 DNA를 찾아서

기원전 771년 서융(西戎)의 침입으로 주나라는 도읍을 호경에서 낙읍으로 옮긴다. 이때부터 주나라의 힘은 급격히 쇠퇴했으니 춘추전국시대가 된 것이다. 이후 기원전 403년경에는 7개의 강대국으로 정리되는 전국시대가 본격화되었다. 이 전국시대를 끝내고 중국 최초의 통일국가 진(秦)나라를 연 결정적인 인물로 두 정치가가 있었으니, 바로 합종책(合縱策)을 쓴 소진(蘇秦)과 연횡책(連橫策)을 대표하는 장의(張儀)다. 현대에 이르기까지 정계에서 자주 회자되는 합종연횡(合從連衡)이라는 말의 유래다.

이 두 사람의 스승은 동일한데, 그가 바로 귀곡자(鬼谷子)다. 귀곡자는 운몽산에 학당을 짓고 제자들을 길러냈는데, 도가와 병가에 모두 능통했고 인간의 심리를 읽는, 현대로 이야기하면 심리학,

양생(養生)과 같은 신선술(神仙術)과 음양오행학을 바탕으로 한 추명술(推命術, 인간의 운명을 추리함) 등에 모두 능통했던 것으로 알려져 있다. 실제로 현재까지 전해지는 그의 귀곡자산명술(鬼谷子算命術, 귀곡자의 운명을 계산하는 술법)에는 십간십이지의 이치는 물론 지장간(地藏干), 십이운성(十二運星), 십신(十神) 등 현대 명리학의 기초가 되는 이론을 상당수 발견할 수 있다.

그렇다면 이러한 운명을 계산하는 비술(祕術)에서 가장 중심이 되는 것은 무엇일까? 그것은 일단 나 자신의 십간이 무엇인지를 찾아야 한다는 것이다. 십간은 나의 음양과 오행이 무엇인지를 알려주는 가장 기초적인 정보다. 음양이 2이고 오행이 5이니 둘이 결합된 경우의 수가 2×5=10이기 때문에 십간과 정확히 대응한다.

우리가 생물학적으로 남자 혹은 여자로 태어나듯이 우리는 양 혹은 음의 운명을 받는다. 우리의 핏줄이 A형, B형, AB형, O형 중의 하나이듯 우리는 나무, 불, 흙, 쇠, 물이라는 다섯 가지 기질, 즉 오행 중의 하나로 태어난다. 나 자신의 십간은 생일 육십갑자의 천간에 해당하기 때문에 일간이라고 부른다. 즉 일간이 나 자신인 셈이다.

이 책은 이론을 설명하려는 목적이 아니므로 복잡한 설명은 생략하고, 먼저 일간과 나 자신의 사주팔자를 빨리 찾는 방법을 알려드리고자 한다. 가장 간단한 방법으로 만세력 앱을 검색해서 내 생년월일시 정보를 넣으면 나온다. 하지만 이렇게 하면 너무 무성의한 설명 같으니 보다 친숙하게 느껴질 수 있는 방법을 하나 알려드리려고 한다.

먼저 스마트폰에서 네이버 앱을 열어보시라. 그리고 '양음력변환'을 검색한다. 이 방식은 PC, 노트북에서도 마찬가지다. 생년월일 선택 창에 양력과 음력 중 하나를 선택하고 나의 생일을 입력한다. 예를 들어 나의 생일이 양력 1988년 5월 5일이면 해당 날짜를 선택한 후 변환 버튼을 누른다.

그러면 음력 날짜(음력으로 입력했을 경우 양력)와 함께 간지가 나온다.

1988년 5월 5일생인 사람은 무진(戊辰)년 병진(丙辰)월 경신(庚申)일에 태어났는데, 여기서 생일의 육십갑자 경신(庚申) 중 앞글자인

경(庚)이 자기 자신에 해당한다. 이것을 생일(生日)의 십간이라고 해서 일간이라고 한다. 앞서 언급했듯 일간이 바로 나인 셈이다.

아래 십간의 음양오행표를 보면 내가 어떤 기질에 해당하는지 알 수 있다.

십간의 음양오행

번호	1	2	3	4	5	6	7	8	9	10
음양	양	음	양	음	양	음	양	음	양	음
십간	갑(甲)	을(乙)	병(丙)	정(丁)	무(戊)	기(己)	경(庚)	신(辛)	임(壬)	계(癸)
오행	목(木, 나무)		화(火, 불)		토(土, 흙)		금(金, 쇠)		수(水, 물)	

예를 들어 7번인 경(庚)의 음양오행을 찾아보면 음양은 양이고, 오행은 금이다. 따라서 나는 열 가지 기질 중 양의 금인 셈이다. 아래 음양의 속성과 오행의 속성을 조합해보면 십간의 속성을 유추해볼 수 있고, 내 기질을 간단하게나마 파악할 수 있다.

음양의 속성

양(陽)	음(陰)
남성적, 낮, 밝음, 조(燥, 마름), 맑음, 정신 표면(表面), 외부, 적극적이고 활동적임, 직선적	여성적, 밤, 어두움, 습(濕, 습함), 탁함, 육체 이면(裏面), 내부, 수동적이고 고요함, 우회적

오행의 속성

목(木)	화(火)	토(土)	금(金)	수(水)
봄	여름	늦여름, 환절기	가을	겨울
따뜻함	뜨거움	중화	시원함	차가움
신맛	쓴맛	단맛	매운맛	짠맛
동쪽	남쪽	중앙	서쪽	북쪽
파란색	빨간색	노란색	하얀색	검은색
간장, 쓸개	심장, 눈	위장, 비장	폐, 대장	신장, 생식기
인자함	밝고 솔직함	충직함	냉철함	비밀스러움
추진력	활동력	고집스러움	개혁적	융통성
인(仁), 어진마음	예(禮), 예의 바름	신(信), 믿음	의(義), 의로움	지(智), 지혜로움

물론 이렇게만 내 기질을 판단하는 것은 매우 단순하게 보는 단식판단이며, 사주 전체를 봐야 정확한 기질을 파악할 수 있으니 참고로만 해야 한다. 사주의 다른 간지(干支), 즉 다른 음양오행, 그리고 그 오행들 간의 관계에 따라 상당히 복합적인 기질로 전환하는 것이다. 위 십간의 음양오행표와 오행의 속성표를 함께 보면 갑을병정무기경신임계는 목화토금수의 순서이며, 그것은 계절로 봄, 여름, 늦여름, 가을, 겨울의 순으로 되어 있다는 것을 알 수 있다.

여기서 한 가지 의문점이 생긴다. 연주, 월주, 일주는 찾았는데 시주는 어떻게 찾는가? 시주는 다음 조견표를 참고하면 쉽게 찾을 수 있다.

생시 간지 조견표

생시\n생일	23:30\n~\n01:30	01:30\n~\n03:30	03:30\n~\n05:30	05:30\n~\n07:30	07:30\n~\n09:30
	자시	축시	인시	묘시	진시
갑기\n(甲己)	갑자\n(甲子)	을축\n(乙丑)	병인\n(丙寅)	정묘\n(丁卯)	무진\n(戊辰)
을경\n(乙庚)	병자\n(丙子)	정축\n(丁丑)	무인\n(戊寅)	기묘\n(己卯)	경진\n(庚辰)
병신\n(丙辛)	무자\n(戊子)	기축\n(己丑)	경인\n(庚寅)	신묘\n(辛卯)	임진\n(壬辰)
정임\n(丁壬)	경자\n(庚子)	신축\n(辛丑)	임인\n(壬寅)	계묘\n(癸卯)	갑진\n(甲辰)
무계\n(戊癸)	임자\n(壬子)	계축\n(癸丑)	갑인\n(甲寅)	을묘\n(乙卯)	병진\n(丙辰)

표에서 가장 첫 번째 자시에 해당하는 23:30은 전날 저녁 23시 30분을 말한다. 예를 들어 내가 태어난 날이 경(庚)일이고 새벽 2시생이라면 나의 시주는 정축이 된다. 따라서 앞서 예로 들었던 1988년 5월 5일 02시 ○○분생인 사람은 무진(戊辰)년 병진(丙辰)월 경신(庚申)일 정축(丁丑)시라는 사주팔자를 갖게 되는 것이다.

이 모든 것이 귀찮은 분은 그냥 만세력 앱을 다운로드하여 생년월일시 정보를 입력하시기 바란다.

09:30 ~ 11:30	11:30 ~ 13:30	13:30 ~ 15:30	15:30 ~ 17:30	17:30 ~ 19:30	19:30 ~ 21:30	21:30 ~ 23:30
사시	오시	미시	신시	유시	술시	해시
기사 (己巳)	경오 (庚午)	신미 (辛未)	임신 (壬申)	계유 (癸酉)	갑술 (甲戌)	을해 (乙亥)
신사 (辛巳)	임오 (壬午)	계미 (癸未)	갑신 (甲申)	을유 (乙酉)	병술 (丙戌)	정해 (丁亥)
계사 (癸巳)	갑오 (甲午)	을미 (乙未)	병신 (丙申)	정유 (丁酉)	무술 (戊戌)	기해 (己亥)
을사 (乙巳)	병오 (丙午)	정미 (丁未)	무신 (戊申)	기유 (己酉)	경술 (戌)	신해 (辛亥)
정사 (丁巳)	무오 (戊午)	기미 (己未)	경신 (庚申)	신유 (辛酉)	임술 (壬戌)	계해 (癸亥)

03

진짜 열두 띠는 따로 있다

　쥐띠는 음란하면서 약삭빠르고, 소띠는 성실하고 우직하면서 고생이 많고, 범띠는 그릇이 크고 추진력이 있으면서 권력지향적이지만 인정에 잘 얽매이고, 토끼띠는 순하고 인정이 많지만 그릇이 적으면서 예민하고, 용띠는 허세를 잘 부리고 변화를 잘 이끌어내고 복잡하면서도 기가 세고, 뱀띠는 냉철하고 집념이 강하면서 지혜가 있고, 말띠는 화려하고 강해 보이지만 의외로 겁이 많고 말을 자주 바꾸고, 양띠는 물을 싫어하고 숨겨진 고집이 세며 권력지향적이고, 원숭이띠는 팔방미인에 재주는 많지만 냉정하면서 고독한 성향이 있고, 닭띠는 액이 따르고 숨은 칼날이 있으면서 변화를 즐기는 도전정신이 강하고, 개띠는 종교적인 성향에 충직하고 예술적이고, 돼지띠는 먹을 복과 건강을 비롯한 숨은 복록이 많고 질긴

면이 있고 깔끔하다.

이것은 일반적으로 통용되는 띠의 성향을 간단하게 말한 것이지만, 여기서 말하는 띠는 우리가 보편적으로 알고 있는 생년의 띠가아니다. 명리학에서 말하는 진짜 12띠는 따로 있으니 바로 생일의띠다.

번호	1	2	3	4	5	6	7	8	9	10	11	12
음양	양	음	양	음	양	음	양	음	양	음	양	음
십이지	자(子)	축(丑)	인(寅)	묘(卯)	진(辰)	사(巳)	오(午)	미(未)	신(申)	유(酉)	술(戌)	해(亥)
동물	쥐	소	범	토끼	용	뱀	말	양	원숭이	닭	개	돼지
오행	수	토	목	목	토	화	화	토	금	금	토	수

예를 들어 1988년 5월 5일 02시 00분생인 무진(戊辰)년 병진(丙辰)월 경신(庚申)일 정축(丁丑)시 사주의 경우, 위의 표를 보면 무진년의 진이 용이기 때문에 세간에는 용띠로 알려져 있다. 그러나 명리학에서 이 사람은 경신일이기 때문에 원숭이의 성향으로 본다.

하지만 생년도 약간은 영향을 미치므로 정리하자면 원숭이띠적인 성향을 더 중심 성향으로 보고, 용띠를 부수적인 성향으로 보는 것이다.

그리고 십이지지의 음양과 오행을 위의 표를 통해 알 수 있는데,

조금 이해하기 쉽게 말하자면,

3, 4, 5번은 인묘진인데, 오행상 목이며, 계절로 봄이고,

6, 7, 8번은 사오미인데, 오행상 화이며, 계절로 여름이고,

9, 10, 11번은 신유술인데, 오행상 금이며, 계절로 가을이고,

12, 1, 2번은 해자축인데, 오행상 수이며, 계절로 겨울이라는 것을 알 수 있다.

다만 오행의 속성에서 토는 늦여름이거나 환절기라고 이야기했듯이 각 계절의 마지막에 해당하는 5, 8, 11, 2번, 즉 진, 미, 술, 축은 오행이 토로 변화한다.

04

상생의 가족, 상극의 사회

한국 명리학계를 이끌어온 3대 트로이카가 있었다. 박정희·전두환 전 대통령을 비롯해 유명 정치인들에게 붙잡혀 가다시피해서 사주를 본 일화들이 즐비하고 소위 재벌가의 회장과 가족들도 자주 찾았던 유명 역술인들이다. 지금은 모두 고인이 되셨는데, 그 주인공은 사주명리학 동호인은 누구나 알고 있는 도계 박재완, 제산 박재현, 자강 이석영 선생이다. 특히 자강 이석영 선생은 『사주첩경』이라는 걸출한 저서를 남겨 후학들에게 많은 도움을 주었다. 『사주첩경』은 명리학을 깊이 있게 공부할 역학도라면 반드시 읽어야 할 현대판 고전으로 자리 잡았다.

자강 선생이 역술계로 입문하게 된 데에는 유명한 일화가 있다. 자강 선생의 조부가 명리학의 대가였는데, 어느 날 아버지가 누이의 사윗감을 점찍고 조부에게 궁합을 물어보았다. 사위는 학벌이 좋은 명문가의 자제였다. 조부가 사위의 사주를 보고 나서 단명할 사주이니 결혼을 하지 말라고 했다. 그러나 아버지는 이 같은 인물을 다시 구할 수 없을 것 같아 놓칠 수가 없었고, 결국은 강행한다. 이때 조부의 말이 무섭다.

"평소에는 내 말을 잘 듣던 너희가 이번에는 이렇게 고집을 부리니 이것도 그 아이의 팔자인가 보다. 내가 죽고 나면 이 아이가 내 무덤 앞에서 통곡하는 것을 보게 되리라."

할아버지가 돌아가시고 나서 얼마 지나지 않아 예언대로 매형이 급사하니 누이가 조부의 산소에서 가슴을 쥐어뜯으며 통곡하는 모습을 어린 석영은 또렷하게 목격한다.

사주는 천문학이다. 십간십이지는 태양계 행성들의 위치, 지구를 중심축으로 바라보았을 때 황도(黃道)라고 하는 태양이 걸어가는 길이 어느 별자리를 지나느냐에 따라 결정되는 것이다. 따라서 정확한 만세력은 한국천문대에서 발급된다. 출생하는 시점에 별들의 위치에 따라 각기 다른 기운을 부여받고, 그것이 그 사람의 운명을 결정하는 것이다.

그것을 4개의 육십갑자로 50만 가지가 넘는 경우의 수를 만들어내고, 그 내부적인 원리는 컴퓨터 프로그램이 아무리 복잡해도 2진법으로 되어 있는 것처럼 음양의 2진법과 오행의 5진법으로 나눠볼 수 있다. 이것을 간단하게 말하자면 음양과 오행의 생극 작용으로 운명이 결정된다는 것이다.

앞서 오행에 대해 다루었는데, 오행의 생극이라는 말은 오행이 서로 따로 노는 것이 아니라 서로 영향을 주고받는데 그것은 돕기도 하고, 친구처럼 지내기도 하고, 싸우기도 하는 것이다. 즉 상생과 상극이 있다는 말이다. 이것이 오행의 상생상극(相生相剋)이며, 이 상생의 원리에 따라 다섯 가지 신인 오신(五神)이 만들어지며, 음양의 개념을 도입하면 십신(十神)이 된다. 오신과 십신은 다음 절에서 다루기로 하고, 여기서는 오행의 상생상극에 대해 먼저 알아보자.

먼저 상생이다.

조부가 결혼을 말리고 가슴 아파했던 것도, 누이가 조부의 무덤 앞에서 통곡했던 것도, 아버지가 명문가의 사위를 놓치고 싶지 않았던 것도 모두 서로가 믿고 의지하고 돕는 가족이기 때문에 그렇다. 남이라면 강 건너 불구경하듯이 했을 것이고, 심지어 소인배라면 질투하거나 고소하다고 생각하는 사람도 있었을 것이다.

이런 말을 하는 이유는 상생의 관계는 바로 1차 집단인 가족의 관계와 흡사하기 때문이다. 신뢰와 의지, 사랑으로 이루어진 관계다.

오행을 부를 때 일반적으로 목화토금수라고 부른다. 이 목화토금수의 순서가 그대로 상생의 관계다. 목생화, 화생토, 토생금, 금생수, 다시 수생목이 되는 것이다.

이것을 그림으로 보자면 다음과 같다.

오행상생상극도

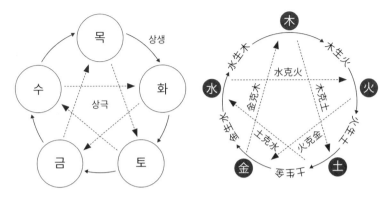

바깥 원형 화살표에 해당하는 상생 관계를 설명하면 이렇다.

나무는 불을 지피고, 불은 만물을 태워 흙을 만들고, 흙은 광맥으로 쇠를 만들고, 쇠는 녹아서 물이 되고, 물은 나무를 자라게 한다. 나무는 물을 의지하고 불을 사랑하며, 불은 나무를 의지하고 흙을 사랑한다. 이러한 방식으로 오행은 순환된다. 따라서 나를 생하는 오행은 어머니와 같고, 내가 생하는 오행은 자식과 같다. 나무의 어머니는 물이고, 나무의 자식은 불이다. 나머지 오행도 마찬가지다.

또 한편으로 보면 이러한 상생 관계는 연애에 있어서 삼각관계와도 유사하다. 삼각관계에 빠져 있는, 혹은 2명의 남자와 소위 '썸'을 타는 불 오행의 여자가 있다고 하자. 나는 불이므로 성격이 밝고 예의 바른 사람이다. 나를 좋아하는 사람은 목이니 인정 많고 추진력 있는 남자다. 그런데 내가 더 좋아하는 사람은 토이니 변함없고 충직한 남자다. 물론 두 사람 모두와 호감을 주고받지만 미묘한 차이가 있는 것이다. 내리사랑이라는 말이 있듯 나의 다음 오행을 내가 더 좋아하는 것이다. 이러한 방식으로 오행의 상생 관계를 이해하면 된다.

다음으로 오행의 상극 관계를 살펴보자.

고대 중국 『삼국지연의』로 유명한 삼국시대가 끝나고, 위진남북조시대 진(晉)나라에는 곽박(郭璞)이라는 유학자가 있었다. 제갈량과 자웅을 겨루던 사마의의 손자인 원제 때 상서랑(尙書郎)을 지냈는데, 그는 운명학의 대가였다. 정남대장군 왕돈(王敦)이 무창에서 반란을 일으켰을 때 그는 곽박의 협조를 얻어내려 했다.

"혁명에 동참하십시다."

곽박이 따를 수 없다고 하자 왕돈은 정색하고 곽박을 겁박(劫迫)하기에 이른다. 그래도 곽박이 따르지 않자 운명학의 대가라는 것을 알고 있던 왕돈이 곽박에게 묻는다.

"당신은 당신 자신의 운명도 알 수 있는가?"

"물론입니다. 오늘 당신이 나를 죽일 것입니다."

왕돈은 그 말이 끝나자마자 곽박을 베어버렸다.

왕돈의 반란은 결국 실패했고, 곽박은 자신이 역적과 타협한다면 얼마간 목숨을 부지할 수 있을지 모르나 죽을 운명이 바뀌지 않는다는 것을 잘 알고 있었다. 곽박은 자신의 운명을 알았기에 비굴하게 목숨을 구하려 하지 않았고 충신으로 역사에 이름을 남겼다.

여기서 또 하나 알 수 있는 것은 사회는 기본적으로 전쟁터이고 비정하다는 것이다. 누구나 얻고 싶어 하는 권력과 재물에는 늘 전쟁이 따른다. 한정된 가치인 권력과 재물을 차지하려고 서로 죽고 죽이며, 좋게 말하면 치열하게 경쟁한다. 어쩌면 희소하기 때문에 더 가치 있는 것일 수도 있다.

오행의 상극 관계는 이렇게 비정한 사회를 연상하면 된다. 그리고 오행의 상극 관계에서 우리가 세속을 살면서 가장 얻고 싶어 하는 것들이 나온다. 그것이 바로 재물과 권력이다.

상극 관계는 앞의 오행상생상극도에서 안쪽에 별 모양으로 형성된 화살표다. 상생 관계는 목화토금수 순환 원형에서 바로 옆에 있는 오행이고, 상극 관계는 앞에서 한 칸, 뒤에서 한 칸 떨어져 있는 오행이다.

수는 화를 극하고, 목은 토를 극하고, 화는 금을 극하고, 토는 수를 극하고, 금은 목을 극한다. 즉 물은 불을 끄고, 나무는 흙을 파헤쳐 양분을 뺏고, 불은 쇠를 녹이고, 흙은 물길을 가로막고, 쇠는 나무를 잘라낸다.

이전 방향에서 한 칸 떨어져 있는 오행은 나를 극하고, 진행 방향에서 한 칸 떨어져 있는 오행은 내가 극한다.

이것은 전형적인 사회생활인 직장생활을 예로 들어 살펴보면 쉽게 알 수 있다. 내가 만약 불의 오행으로 직장에서 팀장이라고 하자. 불을 극하는 것은 물이니 나를 싫어하는 부장에 해당한다. 비밀이 많아 의뭉스러우면서 지혜로운 부장은 조곤조곤 따지며 나를 괴롭힌다. 다음으로 내가 극하는 것은 내가 싫어하는 팀원에 해당

한다. 불이 극하는 것은 쇠이니 나는 팀원 A군이 일은 똑 부러지게
하지만 매사에 너무 냉정하고 입바른 소리를 잘하는 것이 꼴 보기
싫다.

　이러한 형국이 상극 관계이니 나머지 오행도 같은 방식으로 이해
할 수 있다.

05

신들의 탄생

그리스·로마 신화에는 운명의 신이 있다. 이 운명의 신의 이름은 아낭케인데, 시간의 신인 크로노스의 딸이다. 아낭케는 불가피한 힘이라는 의미다. 그녀는 실을 꼬아 직물을 짜는 바퀴인 방추를 들고 있는 형상으로 표현된다. 동양의 베틀과 같은 바퀴로 인간의 운명을 직조해내는 것이다. 동양의 공자와 동시대를 살았던 고대 그리스의 시인 시모니데스는 신들도 아낭케에게는 맞설 수 없다고 노래했다.

이러한 운명의 구체적인 모습을 보여주는 것이 명리학에서는 5명의 신, 그리고 거기에서 파생된 10명의 신이다.

5명의 신, 오신의 이름은 인성, 비겁, 식상, 재성, 관성(관살)이다. 이 5명의 신은 앞서 이야기한 오행의 생극을 통해 탄생했다. 오행이라는 일차적 원천 재료들 간의 관계를 통해 오신이라는 새로운 별이 이차적으로 만들어진 것이다.

앞의 오행상생상극도를 함께 참고하며 살펴보시기 바란다.

오신에 대해 말하자면,

나를 상생으로 돕는 것이 인성(印星, 인덕과 학문의 별)이다.

나의 오행과 같은 것이 비겁(比劫, 자기 기운, 형제, 동료의 별)이다.

내가 상생으로 도와주는 것이 식상(食傷, 창조의 별)이다.

내가 극하는 것이 재성(財星, 재물의 별)이다.

나를 극하는 것이 관성(官星, 관직의 별)이다.

그림으로 살펴보면 다음과 같다.

오신상생상극도

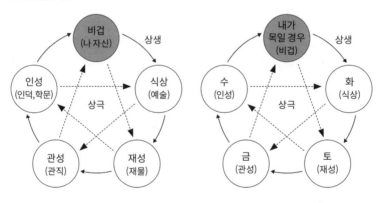

예를 들어 내가 나무라고 할 때 오행상생상극도를 보면 화가 식상, 토가 재성, 금이 관성, 수가 인성, 나와 같은 목이 비겁이 된다.

이러한 이치를 표로 정리하면 다음과 같다.

오신 조견표

사주의 다른 간지	목	화	토	금	수
내가 목	비겁	식상	재성	관성	인성
내가 화	인성	비겁	식상	재성	관성
내가 토	관성	인성	비겁	식상	재정
내가 금	재성	관성	인성	비겁	식상
내가 수	식상	재성	관성	인성	비겁

예를 하나 들어보면, 2020년 3월 10일 18시생, 경자(庚子)년 기묘(己卯)월 임자(壬子)일 기유(己酉)시의 경우 오행은 다음과 같다.

시간	일간(나 자신)	월간	연간
기(己) = 토	임(壬) = 수	기(己) = 토	경(庚) = 금
시지	**일지**	**월지**	**연지**
유(酉) = 금	자(子) = 수	묘(卯) = 목	자(子) = 수

이 사주를, 오신 조견표를 통해 오신을 찾아보면,

토	수	토	금
금	수	목	수

⇨

관성	수	관성	인성
인성	비겁	식상	비겁

일간 임수는 나 자신이며, 기준점으로 작용해 변하지 않는다. 따라서 2020년 3월 10일 18시생은 관성 2개, 인성 2개, 비겁 2개, 식상 1개인 사주다.

한편 사주에는 신강(身强)과 신약(身弱)이라는 개념이 있는데, 자기 자신인 일간을 돕거나(생하거나) 같은 기운인 인성이나 비겁이 많은 사주를 신강이라 하고, 자신이 돕거나 자신이 극하거나 자신을 극하는 식상·재성·관성이 많은 사주를 신약이라고 한다. 양쪽이 비슷한 정도의 힘으로 있으면, 명리학에 이런 용어는 없지만 신중(身中)이라고 해야 할 것이다. 신중은 신강과 신약 어느 쪽으로 융통성 있게 변할 수 있는 중화가 잘된 사주라고 할 수 있다.

신강한 사주는 식상·재성·관성을 좋아하고, 신약한 사주는 인성·비겁을 좋아한다. 이렇게 사주가 좋아하는 오신 혹은 십신을 용신(用神)이라고 한다. 일반적으로 용신운이 오면 길하고, 용신을 극하는 운이 오면 흉하다고 본다.

덧붙이자면 신중은 운에 따라 용신이 달라질 텐데 어떤 운이 와도 쉽게 무너지지 않고 처신을 잘하는 편이다. 물론 신중이라고 해도 역린(逆鱗)과 같은 결정적인 약점을 건드리면 문제가 생길 수 있고, 막힌 혈맥을 뚫어주는 운이 오면 대발(大發)할 수 있다. 이것은 사주의 형국에 따라 천차만별로 달라지니 여기에서 일일이 논하기는 어렵다.

신강과 신약을 판별할 때 주의할 점은 천간지지, 연월일시, 자리별로 가중치가 다르다는 것이다.

같은 오신이라도 지지에 있으면 천간보다 힘이 강한 것으로 보고, 그중에서도 월지에 있으면 더욱 비중을 높게 생각하며, 연지는 매우 힘이 약한 것으로 생각한다. 순서를 정해보면 월지>일지>시지>연지>월간=시간>연간 정도의 순서로 정리할 수 있는데, 역학자에 따라 약간의 관점 차이가 있다.

오신의 속성을 아주 간단히 정리하면 다음과 같다.

오신 속성표

인성	비겁	식상	재성	관성
인덕이 있다.	고집이 있다.	자유분방하다.	현실적이다.	안정적이다.
학업운이 있다.	전문성이 있다.	창의성이 있다.	인생을 즐긴다.	책임감이 강하다.
생각이 많고 깊다.	독불장군형이다.	예술 감각이 있다.	금융 감각이 뛰어나고 사업가적인 기질이 있다.	관운이 강하다.
배려심이 있다.	과감하다.	기술력이 있다.		명예운이 있다.
부모와 인연이 깊다.	친구, 형제와 인연이 많다.	부하, 제자와 인연이 깊다.	이성운이 왕성하고 즐기는 연애를 한다.	이성운이 왕성하고 안정적인 연애를 한다.

개인의 성격에 가장 큰 영향을 주는 오신은 주로 1번 일지, 2번 월지로 본다. 물론 사주팔자 전반의 구조에 따라 복잡하게 변화할 수 있으니 하나에만 얽매이지 말아야 한다.

참고로 오신을 가족으로 응용할 수도 있다. 남녀 모두 인성은 어머니, 재성은 아버지이며, 할머니는 식상, 할아버지는 인성에 해당한다. 형제는 비겁이다.

여자 사주에 배우자는 관성이고, 남자 사주에 배우자는 재성이다. 여자 사주에 자식은 식상이고, 남자 사주에 자식은 관성이다. 남자 사주에 처가댁은 식상이고, 여자 사주에 시댁은 재성이다.

06

운명의 수레바퀴

다음으로 오신에서 파생된 십신에 대해 살펴보자.

괴테는 죽음이 가까워오던 날, 자신의 생애에 대해 이렇게 이야기했다.

"내 일생을 통틀어 행복했던 날은 손에 꼽을 정도다."

우리는 불합리하고 번민으로 가득 찬, 이 고통스러운 세상을 어떻게 이해하고 어떻게 헤쳐나가야 하는가?

서양철학의 아버지, 소크라테스는 사후의 세계에 대해 『에르의 신화』를 통해 이야기한 바 있다. 플라톤의 『국가』에 실려 있는 이 이야기는 꽤 길기 때문에 간단하게 축약해서 이야기하자면 대개 이런 내용이다.

전사 에르가 전쟁터에서 크게 다쳐 죽음에 이르렀는데, 화장을 하려고 쌓아놓은 장작더미에서 기적적으로 살아났다. 그는 저승세계에서 겪은 12일 동안의 경험을 주위 사람들에게 이야기해주었다.

초원에서 8일 동안 지내고 3일을 여행한 끝에 에르의 영혼이 도착한 곳에서는 모든 천체를 통과하는 거대한 빛줄기가 있었다. 다시 하루를 여행한 끝에 그 빛의 기둥 안으로 들어갈 수 있었고, 그 속에서 그들은 아낭케를 만났다. 아낭케의 방추에는 8개의 돌림판이 있었는데, 이것은 각기 지구, 목성, 화성, 토성, 금성, 수성, 태양과 달을 의미했다. 아낭케에게는 3명의 딸이 있었는데 라케시스는 과거의 일들을, 클로토는 현재의 일들을, 아트로포스는 미래의 일들을 노래했다.

혼들이 여기에까지 이르렀을 때 신관이 라케시스의 무릎에서 수많은 운명이 적힌 쪽지를 갖고 왔다. 이 쪽지는 외부에서 보았을 때는 상세한 내용이 없었기에 선택과 운이 함께 작용했고, 각자 자신이 닦아온 지혜와 습성에 따라 결정되었다고 한다.

사주팔자는 전생의 성적표라는 말도 있다. 생이 한 번으로 끝나지 않고 생과 생이 원형의 수레바퀴처럼 순환론적으로 이어진다는 철학은 인도와 동양에서만 있을 것이라고 생각하지만, 서양 문명의 기원으로 보는 그리스·로마에도 있었다는 사실이 흥미롭다. 만약 전생과 후생이라는 것이 있다면 불합리하게 느껴지는 이 세상을 이해하는 데 조금은 도움을 받을 수 있을 것이다. 만약 없다고 하더라도 그것으로 위안을 삼을 수는 있을 것이다.

이렇게 고대 그리스의 소크라테스나 인도 철학의 세계관에 비추어보았을 때 우리가 운명을 경영하고 관리하는 일은 크게 보면 우리 자신의 카르마(karma, 산스크리트어로 업(業)을 말함)를 관리하는 일이 될 것이다. 물론 유교 철학의 관점에서 보아 그렇지 않다고 해도 유교 경전에 기록되어 있는 악을 쌓은 자는 남은 재앙이 있고, 선을 쌓은 자는 기다리는 경사가 있다는 철리(哲理)는 변함이 없을 것이다.

직업(職業)이라는 것은 특히 우리 업(業)의 핵심적인 내용이 아닐까? 오신을 확장한 십신은 직업적인 특성으로 구분하면 매우 명료해진다.

먼저 십신은 어떻게 도출되는가? 오행이 음양 구분을 통해 십간이 될 수 있듯이 오신도 음양을 이용해서 십신으로 구별할 수 있다.

일간과 음양이 같으냐, 다르냐에 따라 다음과 같이 열 가지로 구분한다.

십신 조견표

오신	인성		비겁		식상		재성		관성(관살)	
음양	같음	다름	같음	다름	같음	다름	같음	다름	같음	다름
십신	편인	정인	비견	겁재	식신	상관	편재	정재	정관	편관

말하자면,

나를 생하는 인성 중 음양이 같은 것은 편인(偏印)이요, 음양이 다른 것은 정인(正印)이다.

나와 같은 비겁 중 음양이 같은 것은 비견(比肩)이요, 음양이 다른 것은 겁재(劫財)다.

내가 생하는 식상 중 음양이 같은 것은 식신(食神)이요, 음양이 다른 것은 상관(傷官)이다.

내가 극하는 재성 중 음양이 같은 것은 편재(偏財)요, 음양이 다른 것은 정재(正財)다.

나를 극하는 관성 중 음양이 같은 것은 편관(偏官, 다른 말로 칠살 七殺)이요, 음양이 다른 것은 정관(正官)이다.

여기서 한 가지 주의할 점이 있다.

일간을 바탕으로 내 사주 다른 천간지지(연간, 월간, 시간, 연지, 월지, 일지, 시지)의 십신을 찾으려고 할 때 지지에 대해서는 다음 사항을 고려해야 한다.

	사(巳)	오(午)	해(亥)	자(子)
체(體)	음	양	음	양
용(用)	양	음	양	음

오행이 화인 사(巳), 오(午)와 오행이 수인 해(亥), 자(子)는 음양이 바뀐다는 것이다.

이것을 본체와 활용이 바뀐다고 해서 체용 변화라고 한다. 수와 화의 성질이 극단적이므로 소위 극즉반(極卽反)의 원리에 따라 무엇이든 극에 이른 것은 성질이 변화하기 때문인데, 십신으로 바꿀 때는 활용의 측면이므로 용의 음양을 적용해야 한다.

십신의 이름은 이렇게 편인, 정인, 비견, 겁재, 식신, 상관, 편재, 정재, 정관, 편관(칠살)인데, 이 10명의 신에게 직업을 배속하면 이렇다.

편인은 철학자, 정인은 훈장, 비견은 전문직 기술자, 겁재는 도박사나 종교인, 식신은 예술가, 상관은 언론인, 편재는 사업가, 정재는 은행원, 정관은 공직자, 편관은 장군이다. 이 직업을 떠올리면 십신이 어떤 특성을 가지고 있는지 간략하게나마 이미지를 형성할 수 있을 것이다.

이외에 십신의 속성을 간단하게 정리하면 다음과 같다.

십신 속성표

십신	속성
비견	의리가 있다. 자존심이 세다. 집념이 강하다. 경쟁심이 강하다. 전문가적인 기술이 있다.
겁재	이상가적이다. 희생정신이 있다. 돈을 아끼지 않는다. 고집이 세고 독단적인 성향이 강하다. 파란을 즐긴다.
식신	원만하다. 연구심이 강하다. 예술적인 성향이 있다. 베푸는 마음이 있다. 인생을 게임처럼 즐긴다.
상관	언변이 좋다. 영특하다. 임기응변에 강하다. 오만하다. 실수가 많다. 자유분방하다.
편재	호인이다. 이재(理財)에 밝아서 사업가적인 기질이 있다. 재주가 많다. 유흥을 즐긴다.
정재	꼼꼼하고 성실하다. 재물 욕심이 지나쳐 구두쇠가 되기도한다. 이성에 대한 관심이 많다.

편관 (칠살)	엄격하다. 옳고 그름이 분명하다. 거칠거나 극단적인 전사의 성향이 있다. 영웅 심리가 있다.
정관	모범적이다. 책임감이 강하다. 원만하고 온순하다. 질서를 중요시한다. 안정지향적이다.
편인	생각이 깊다. 사람들을 대하는 것이 불편하다. 배려심이 지나치다. 철학적이다. 놀라운 발상을 한다.
정인	선하게 살려는 의지가 있다. 도리를 찾는다. 윗사람에게 잘한다. 고지식하다. 가정을 중시한다.

운명학의 철리를 알기 위해 반드시 짚고 넘어가야 할 내용만 정리했으나, 생소한 개념이 많아서 여기까지 오느라 쉽지 않았을 것이다. 모든 내용을 다 이해하지 못했더라도 오행의 생극과 오신, 십신 개념만 거칠게 알아도 이 책을 읽는 데에는 문제가 없다. 이제 실제 상담 사례를 바탕으로 한, 본격적인 운명경영 솔루션을 시작한다.

2장

연애와 가족

01

목숨을 바치는 남자,
화장을 고치는 여자

1990년대 후반 미모의 여의사를 상담해준 일이 있었다. 그녀는 막 석사과정을 졸업하고 연구실에 근무하는 의사였는데, 명리학을 비롯한 동양철학에 관심이 많았다. 당시는 나도 젊었던 시절이지만 대학에 다니면서부터 사주를 봐주면서 나름 단골손님을 확보하고 있었는데, 그분 중 한 명이 소개해준 것이었다.

그 여의사는 『주역(周易)』을 공부하는 동호회 활동을 하고 있었는데, 나이를 가리지 않고 남자들에게 인기가 많은 편이었다. 그녀의 직업 때문이라기보다 그녀의 외모 때문이라고 할 정도로 그녀는 매력적인 신체와 이국적인 미모를 갖추고 있었다.

그녀는 남자들이 꼬이는 것이 귀찮다고 하면서도 앞으로 연애운과 결혼운을 봐달라고 했다. 사주를 보니 첫 번째로 눈에 띄는 것이 사주에 불이 숨어 있고, 양의 천간과 양의 지지로만 가득한 소위 양팔통의 사주라는 것이었다.

운의 흐름을 참조해 사주를 보고는 ○○년에 집안에서 반대하는 남성을 사귈 것이고, 그 때문에 고초를 겪을 것이라고 일러주었다. 그리고 그 남자가 마음에 든다고 덥석 결혼하지 말고, 결혼을 ○○년 이후로 늦게 하라고 알려주었다.

미모의 그녀였지만 사주에 자신과 다른 오행인 불이 없어 이성을 사귀기에 어려움이 많고, 이성을 보는 눈이 약했다. 거기에 사주 구조의 문제까지 덧붙여져 자신보다 못한 남성을 택하는 경향이 있는데, 양팔통의 사주이기에 분명히 고집대로 밀어붙일 가능성이 농후했다.

본래 사주에 자신에게 해당하는 일간의 오행과 다른 오행이 부족하면 사람들과의 커뮤니케이션 능력이 떨어지고, 특히 이성 관계에서 결함을 나타내어 혼자 살아가는 경우가 많다. 그리고 일주가 양간이면서 다른 연주, 월주, 일주도 양이 많으면 남성적이고 저돌적인 성향이 강해져서 자신의 의지대로 나아가는 성향이 강해진다. 참고로 연주, 월주, 일주, 시주의 음양을 구분할 때는 지지의 체용 변화를 고려하지 않고 천간의 음양 구분을 따른다.

간혹 남자 문제가 생길 때마다 나에게 궁합을 보던 그녀의 이후 행보를 보면 오너드라이버로 자잘한 교통사고를 3번이나 내서 차를 처분하기도 했다. 어느 레스토랑에서 나와 마주쳤는데, 자기가 좋다는 그 많은 남자를 다 거절하고 학벌이나 직장 모든 면에서 시원찮은 평범한 남자를 만나고 있었다. 어쩌면 그녀의 사랑 방식은 이성 관계라기보다는 자신에게 전적으로 의지하면서 자신만을 좋아할 수밖에 없는 사람에게 모자간의 관계 같은 독특한 연애를 원했던 것인지도 모른다.

나는 그녀가 그 사람과의 사랑에 실패하고 유학을 떠나려고 찾아왔을 때 양기음세라는 말을 새겨주며 자신만 주장하지 말고 사회적인 목소리에도 충분히 귀를 기울이라고 조언해주었다.

보편적으로 양은 남자, 음은 여자를 말한다. 하지만 사주팔자에 양의 기운이 많으면 여자도 남자같이 시원시원하고 거침없이 나가시만 실수가 많고 선이 굵으며, 음의 기운이 많으면 반대로 남자도 여자처럼 있는 듯 없는 듯 조용조용하면서 타협적이고 잔재주를 많이 부린다.

양기음세, 양과 음은 공존하는 것

양기음세(陽氣陰勢)는 사주명리학의 고전인 유백온(劉伯溫)의 『적천수(滴天髓)』에 나오는 글귀이며, 지금은 돌아가신 한국 사주학계의 3대 거두 중 한 분인 도계 박재완 선생의 『명리요강』에서도 재차 인용해 다루고 있는 지극히 핵심적인 운명학 사자성어다.

양기음세는 글자 그대로 풀이하면 양은 기를 따르고, 음은 세를 따른다는 것이다. 흔히 양간은 기에 종하고, 음간은 세에 종한다고 풀이한다.

이것을 거칠게 현실에 대응해 풀면 남자는 기를 따라 살아가고, 여자는 세력을 따라 살아간다는 말이 된다. 오해하지 말아야 하니 남자도 음적인 남자가 있고, 여자도 양적인 여자가 있을 것이다.

사주명리학에 따르면, 인간은 누구나 십간 중의 하나로 태어난다. 갑을병정무기경신임계 중의 하나인데 갑병무경임은 양간이고, 을정기신계는 음간이다. 남녀를 막론하고 양간으로 태어난 사람은 양적이고, 음간으로 태어난 사람은 음적이다. 물론 여기에 사주의 다른 글자들과 관계를 형성하면서 복합적인 성향이 나타나지만, 기본적으로는 그렇다는 것이다.

이해를 쉽게 하기 위해 음양을 남녀에 비유해 풀면 '여자의 마음은 갈대다'라고 하는 것은 음의 세력을 따른다는 이치를 엿볼 수 있는 속어다.

『사기(史記)』「예양전(豫讓傳)」편 고사에 등장하는 사위지기자사, 여위열기자용(士爲知己者死, 女爲悅己者容), 즉 "남자는 자신을 알아주는 사람을 위해 목숨을 바치고, 여자는 자신을 사랑해주는 사람을 위해 화장을 고친다"는 말도 역시 양기음세와 일맥상통한다.

따라서 양은 자신을 믿고 자신의 특성을 인정해주는 사람을 위해 자신을 희생하고 존재 가치를 밝혀주는 방향으로 나아가고, 음은 큰 세력을 따라 자신의 존재를 지키는 데 주안점을 두며 자신이 보호받고 도움을 받을 수 있는 힘에 의지하며 나아간다.

이러하니 연애를 잘하려면 여자는 남자를 믿어줘야 하고, 남자는 소소한 일상에서 지속적으로 사랑을 베푸는 것이 관건이라고 할 수 있다.

양은 자신의 기, 즉 자신만의 고유한 기질과 존재 가치를 인정받기 위해 한 방향으로 길을 걸으며 일생을 고군분투하니 고집스러운 면이 있고, 음은 자신을 먼저 사랑해주고 사랑을 주고받을 대상을 찾으니 그 대상이나 세력은 변할 수 있는 법이라 상당히 유연하다.

그래서 양은 직선적이고, 음은 곡선적이다. 양과 음의 만남은 직선과 곡선의 만남이다. 그런데 한 존재에는 양이나 음만 있는 것이 아니라 두 가지가 함께 있다. 다만 어떤 것이 조금 더 강하게 나타나고 약하게 드러나느냐의 차이일 뿐이다.

솔루션 1. 기운과 세력의 중용을 찾는다

〈남한산성〉이라는 영화에서도 예술적으로 잘 표현되었지만, 청나라의 대군이 조선을 침략했던 병자호란이 일어났을 당시 이조판서 최명길과 예조판서 김상헌의 대립이 바로 음양의 서로 다른 면모, 양기음세를 잘 보여주는 역사적 사건이라고 할 수 있다.

1636년 압록강을 넘어 청의 대군이 몰려들자 최명길은 위기감을 느껴 인조가 강화도로 옮길 것을 주장했으나 받아들여지지 않았고, 청군이 한양에 도착하자 인조는 황급히 남한산성으로 옮겨

갔다. 청군은 남한산성과 강화도에 함께 맹공을 퍼부었고, 인조는 1637년 1월 30일 항복 의식을 거행해야 했다.

전쟁을 피하자는 주화파(主和派)의 대표인 최명길이 1637년 1월 18일 강화를 청하는 국서를 지었을 때 끝까지 싸우자는 척화파(斥和派)의 대표인 김상헌이 글을 찢어버렸고, 김상헌의 울음소리가 임금의 잠자리에까지 들렸다고 한다.

세력을 중시하는 주화파 최명길이 음의 세력을 따르는 것을 보여주고, 죽더라도 결사항전을 외치는 척화파 김상헌이 양의 기를 따르는 것을 보여준다.

후일 1642년 조선이 명과 내통했다는 죄목으로 최명길과 김상헌이 청나라의 감옥에 벽 하나를 사이에 두고 함께 수감되었다. 이때 최명길은 김상헌의 곧은 절개에 감복했고, 김상헌은 최명길의 강화론이 나라와 백성을 위한 애국충정임을 알고 두 사람은 화해하게 되었다.

두 사람은 편지를 주고받았는데,

김상헌이 짓기를,

종심량세호(從尋兩世好)

독석백년의(頓釋百年疑)

두 사람의 생각을 깊이 들여다보매

문득 백년의 의심이 풀렸도다.

최명길이 답하기를,

군심여석종난전(君心如石終難轉)
오도여환신소수(吳道如環信所隨)
그대의 마음은 바위와 같아 돌리기 어렵고
나의 도는 고리와 같아 처한 바를 따른다.

이 시구는 음과 양의 서로 다른 특성과 함께 서로 어떤 방식으로 접근해야 하는지를 잘 보여준다.

음과 양은 각기 다른 서로의 특성을 잘 살피고 이해해야 서로에게 상처를 주지 않을 것이니 삶의 큰 지혜가 될 수 있다. 음과 양은 서로 보완해야 온전해질 수 있는 것이다.

근래에 자신의 성향을 16가지로 구분해 파악하는 MBTI가 성행하고 있는데, MBTI 검사법의 아버지라 할 수 있는 칼 융이 이야기했듯이 남성에게는 숨은 여성성인 아니마(anima)가 있고, 여성에게는 숨은 남성성인 아니무스(animus)가 있다. 양 내부에도 음이 있고, 음 내부에도 양이 있는 것이다. 다만 충분한 기회가 없어서 발달하지 않았을 뿐이다.

말하자면 음과 양은 공존하는 것이니 자신이 발달하지 않은 부분은 개발하고 보완할 필요가 있다. 그리고 연인이든 부부든 서로의 발달하지 않은 음적인 부분과 양적인 부분에 대해서는 이해하고 도움을 주도록 해야지, 공격하면 안 될 것이다.

서로 다른 음과 양은 궁극적으로 김상헌과 최명길의 우정처럼 함께 가야 하는 것이지, 일방적으로 비난하거나 절대적으로 배척해서는 더 높은 차원으로 올라설 수 없다. 평소에 내 속에 덜 발달한 음이나 덜 발달한 양이 있다면 갈고닦아 중용(中庸, 치우침이 없고 변함이 없음)의 도로 나아갈 수 있어야 할 것이니, 그것이 실용적인 면에서도 내 운명을 더 나은 방향으로 개척하는 길이다.

02

홀로 갈 것인가, 함께 갈 것인가?

2000년대 초반, 한 방송인이 나를 찾아온 일이 있었다. 그녀는 지방 미인대회 출신으로 탤런트나 영화배우는 아니었지만 다양한 분야에서 활동하고 있는 나름 연예인이었다. 그녀는 결혼에는 늦은 나이였지만 얼마 전 결혼하기로 한 남자와 헤어지고 상담을 하러 찾아온 것이었다

젊었을 때는 인기도 꽤 많았을 텐데 이렇게 늦은 나이가 되도록 왜 결혼을 하지 못했을까? 그녀의 사주를 살펴보니 전형적인 모자멸자의 사주였다. 그녀의 어머니는 어렸을 때부터 동요대회 등 아이들이 출연하는 프로그램에 나가도록 계속 부추겼고, 방송계에 들어선 이후로는 더욱 간섭이 심해졌다. 자식에 대한 애정이 지나쳐 자기 자식을 고고한 군계일학(群鷄一鶴, 닭 무리 속에 있는 한 마리

학)으로 너무 높게만 보았고, 괜찮은 남자를 데려와도 모두 퇴짜를 놓았다.

나는 그녀에게 말했다.

"모자멸자의 사주이니 어머니에게서 벗어나지 않으면 결혼은 못합니다. 당장 생활부터 분리하세요. 내년이 독립하기에 좋은 운이니 올해부터 준비해서 자립의 길로 가세요."

모자멸자의 문제는 어머니의 지나친 간섭이나 맹목적인 사랑도 문제이지만 더 심각한 것은 당사자의 삶에 대한 수동적 태도다. 심리학에서 피터팬 콤플렉스라고 말하는 것처럼 오랫동안 과잉보호의 환경에 노출된 사람의 내면이 독립성을 길러 어른이 될 기회를 상실해버린 것이니 진정한 성인이라고 할 수 없다. 피터팬이 동화로 봐야 재미있지, 현실에서는 성인이 되지 못하고 나이만 먹은 어른은 사회에 적응해나가기 어려운 것이다. 모자멸자의 사주는 때가 되면 부모의 품을 떠나 홀로 걸어가야 한다는 것을 우리에게 알려준다.

모자멸자, 사랑이 지나치면 사람이 죽는다

모자멸자(母慈滅子)라는 성어를 풀이하자면, 어머니의 사랑이 자식을 죽인다는 말이다. 어머니의 자애로운 사랑이 지나쳐서 자식이 멸망의 길을 걷게 된다는 이야기다.

나를 돕는 것이 왜 나를 죽이는가? 이것이 인생의 독특한 지점이요, 이러한 독특한 인생의 모양이 운명학의 개념으로 없을 리가 없으니 그것이 모자멸자다.

2019년 〈스카이캐슬〉이라는 드라마도 유행했지만 소위 치맛바람이라고 하는, 어머니의 강박적인 자식에 대한 집착과 사랑이 아이인 학생을 정신적으로 망가뜨리고 심하면 죽음에 이르게도 할 수 있다. 사주든 운명이든 인생이든 무엇이든 중용이 필요하니 적당한 관심은 아이에게 도움이 되지만, 독단적이고 집착적인 사랑은 아이의 숨을 막히게 하고 결국 멸망의 길에 이르게 하는 것이다.

사주에는 인성(印星)이라고 하는 나를 돕는 별이 있다. 이것은 나와 상생 관계에 있는 것이다. 목에게는 수가 되고, 화에게는 목이 되고, 토에게는 화가 되고, 금에게는 토가 되고, 수에게는 금이 된다. 목화토금수가 상생의 구조로 순환하는 것이다.

하지만 물이 너무 많은 나무는 썩고 강물에 떠내려가고 마는 것이요, 불에 나무를 너무 많이 집어넣으면 불이 꺼지는 법이며, 불이 너무 많은 흙은 말라버려서 생명이 자랄 수 없고, 흙이 많은 쇠는 묻혀버려 빛을 잃고, 쇠가 너무 많은 물은 탁해진다.

이것을 생함이 너무 많아 오히려 해가 된다고 해서 다생반해(多生反害)라고도 한다. 나를 돕는 인성이라는 별이 본래는 좋은 것이지만, 지나치게 많으면 나라는 일간이 힘을 못 쓰고 죽는 것이다.

우리가 인생에서 모자멸자의 길을 걷는 것은 무엇 때문인가? 나를 상생하는 힘이 지나치게 강해서 나 자신이 위축되는 것이니, 바로 누군가의 많은 도움이 도리어 나를 망치는 것이다. 부유한 집안의 자제가 방탕해 집안 살림을 덜어먹는 것과 같고, 부모의 과잉보호에 자식이 마마보이가 되는 것과 같다. 즉 나를 돕는 이가 너무 강하면 의존적으로 되어 자립성이 없어지는 것이다. 삶의 모든 면에서 늘 도와주던 이 혹은 도와줄 이가 있으면 스스로 책임감을 갖고 자신의 인생을 개척하는 훈련을 할 기회를 잃어버리기도 하며, 그러한 사람은 늘 위태로운 인생을 살게 된다.

든든한 가족이나 후원자가 사라지면 자생력을 잃고 멸망의 길을 걷기도 하며, 의존하는 것이 습관이 되어 후원해줄 사람의 눈치만 보고 자신의 길을 갖지 못하고 자신의 진로를 스스로의 힘으로 결정하지 못한다. 그것이 가족이든 친구든 애인이든 간에 후원자에게 잘 보이기 위해 그릇된 길을 가기도 한다.

스무 살이 넘어서도 내 가족이 나의 매니저 역할을 하면 나이가 들어서도 주체적인 길을 가지 못한다. 가족에 얽매여 살아가고 의존적으로 되면 나중에 오히려 자신을 돕는 가족에게 만사 불평불만을 갖게 된다. 결혼을 하고 안 하고가 중요한 것이 아니라 주체적인 삶을 살아가지 못한다는 것에 문제가 있는 것이다.

솔루션 2. 자신의 걸음걸이로 걷는 훈련

인간관계가 아닌 한 사람의 내부로 보았을 때 모자멸자는 인성이 많은 것이니 인성은 부모가 되기도 하지만 자신의 생각이 되기도 한다. 인성이 많은 것은 생각이 많은 것으로 생각이 과하면 활동력과 삶의 생기를 잃어버린다. 즉 모자멸자는 지나치게 생각이 많아 앉은자리에서 죽어가는 것이다. 모자멸자는 조금도 실수하거나 손해를 보지 않거나 위험을 감수하지 않으려는 완벽주의적인 성향으로 나타나니 아무것도 선택할 수가 없고 실천하기도 어렵다.

흔한 예이지만 야구에서 타자에게 최악의 순간 중 하나는 배트를 휘둘러보지도 못하고 그냥 벤치로 돌아오는 루킹 삼진이다. 누구나 실수를 두려워하고 긴장한다. 하지만 휘둘러보지 않는 것은 최악의 선택이다. 모자멸자는 우리에게 어떻게든 휘둘러보라고 말한다.

작가에 대한 책 중에도 이런 말이 있다. 작가에게 최악의 순간은 잘못 쓰는 것이 아니라 아무것도 쓰지 않고 있을 때다. 실수를 해야 배울 기회도 있고, 못 쓰더라도 계속 써야 실력이 늘어난다. 무엇보다 생각만 하면서 시간을 흘려보내는 것은 지루한 핑곗거리를 넘어 자신에게 최악의 하루를 선물하는 것이다. 모자멸자는 누군가 도와주겠지 하는 무책임한 의존성과 생각만으로 에너지를 모두 소모해버리고 무기력하게 소중한 인생을 헛되이 날려버리고 있지는 않은가 하고 묻는다.

고대 중국의 한 선비가 수도 장안을 오랫동안 동경하던 중 장안으로 여행을 떠났다. 모든 것이 신기하고 탁월하게 느껴지던 중 장안 사람들은 걸음걸이마저 시골과 다르다는 것을 알았다. 선비는 그 걸음걸이를 열심히 흉내 내었고, 그러다 고향으로 돌아가려는데 자신의 원래 걸음걸이가 엉켜버렸다. 그래서 제대로 걷지를 못하고 기다시피 하여 고향으로 돌아왔다는 고사(古事)가 있다.

어설프게 남을 흉내 내거나 가족일지라도 누군가에게 의존하는 습관을 오래 익히다 보면 자신의 걸음걸이를 잊어버린다. 힘들더라도 자신의 걸음걸이로, 자신의 날개로 나는 법을 익혀야 한다. 어쩌면 홀로 가느냐, 함께 가느냐는 이차적인 문제다. 내가 가지고 있는 강박을 탈피해 스스로의 삶을 선택할 수 있는 사람으로 전환되어야 하는 것이다.

또한 갈릴레오가 발견했듯이 우주의 본성적인 상태는 정지된 상태가 아니라 움직이는 상태다. 생각이 많아서 움직이지 못하는 것은 자연스러운 상태가 아니다. 생각을 하더라도 뛰면서, 적어도 조금씩이라도 걸어가면서 생각해야 한다. 알에서 깨어나 직접 부딪치면서 배워야 할 때, 스스로의 힘으로 걸어야 할 때가 왔다. 활동이 바른 생각을 가져다준다. 이것이 모자멸자가 말하고자 하는 운명학의 지혜다.

03

감당하기 힘든 가족을
돌봐야 하는 운명

　명문대에서 어학을 전공하고 학원에서 유명강사로 이름을 떨치고 있는 30대 중반의 건실한 청년이 찾아온 일이 있었다. 그의 고민은 가족이었다. 당장 결혼하고 싶은 것은 아니었지만 독립해서 자유롭게 살아가고 싶은데 10년 넘게 병석에 누워 계신 아버지가 마음에 걸려서 괴롭다는 것이었다. 한때 목회자의 길을 걸을까 고민할 정도로 신실(信實)한 성품이었던 그는 20대 초반부터 지금에 이르기까지 항상 하교하거나 퇴근한 후에는 아버지의 수발을 들었다.

　피아노를 비롯해 다루는 악기도 많고 다재다능했던 그의 사주는 모쇠자왕의 형국을 갖고 있었다.

　"음식을 많이 먹어도 살이 잘 안 찌죠?"

　"예."

"재주가 많은 사주들이 대체로 그래요."

사주 구조를 보면 살이 많이 찌는 체질인지 아닌지도 어느 정도 넘겨볼 수 있다. 재주가 많은 사주의 구성도 여러 가지가 있지만 살아온 이력을 보면 사주의 어떤 성분이 많아서 그런지 알 수 있고, 그것으로 체형까지 연결해서 유추해볼 수 있는 것이다.

매일같이 말을 잘 못하는 아버지의 입에 귀를 대고 아버지의 수족이 되어왔던 그에게도 새로운 삶을 위한 솔루션이 필요했다.

"우물물을 계속 퍼내기만 하면 어떻게 되겠습니까? 모쇠자왕의 사주는 자신의 우물을 퍼내기만 하고 채울 줄은 모르는 사람들이 가지는 사주입니다."

모쇠자왕은 좋든 싫든 돌볼 사람들이 많다. 어떤 대상을 돌봐줄 때 자신을 계속 쏟아붓고도 미안함을 느끼고 더 해주지 못해 괴로워하는 것은 인간이 가진 위대한 미덕이다. 하지만 현실적인 면에서 오랫동안 무리하게 어떤 대상을 돌봐야 한다면 생각할 부분이 있다.

적당히 자신도 챙겨가면서 돌봐야 오래 돌볼 수 있는 것이다. 사주 구조로 보았을 때 모쇠자왕이 자신을 잘 챙길 수 있다면 훌륭한 스승, 일가를 이룬 큰 가문의 수장이 될 수도 있다. 극단적인 독립이나 극단적인 돌봄 둘 중 하나 사이에서 괴로워하는 것은 이미 자신의 삶이 편중되어 있다는 방증이다. 물론 적절히 돌보는 방법의 하나로 멀지 않은 곳에 집을 구하는 것도 하나의 선택지가 될 수 있다. 다만 극단적인 결정으로 자신을 몰아넣지 말고 가족만큼 자신을 챙기는 훈련을 먼저 시작해야 한다고 일러주었다.

모쇠자왕, 자식은 비대해지고 어머니는 말라간다

모쇠자왕(母衰子旺)이란 어머니는 쇠약하고, 자식은 왕성하다는 말이다. 여기서 어머니는 앞의 모자멸자와 달리 사주팔자에서 일간, 즉 자기 자신에 해당하고, 자식은 일간이 도와주는 오행을 말한다. 오행의 상생 관계로 보았을 때 내가 나무이면 자식은 불이고, 내가 물이면 자식은 나무의 오행에 해당하니 자신이 생조(生助)해주는 오행이 자식에 해당한다.

그렇다면 모쇠자왕은 어떤 구조인가? 일간은 힘이 그다지 강하지 않은데, 일간이 도와주는 오행은 힘이 왕성한 경우를 말한다. 오신으로 보았을 때 식상이 많은 구조다. 혹은 운의 흐름에서 식상을 강하게 만났을 때도 이러한 경향이 나타난다. 이렇게 될 경우 일간이 자식에 해당하는 오행을 돕지 않을 수는 없으니 일간에 해당하는 자신은 점차 쇠약해져 가고 자식만 비대해진다. 이렇게 모쇠자왕의 구조를 가진 사주들은 일생 가족이나 남을 위해 헌신하고 봉사하다가 정작 자신의 삶은 잃어버리는 성향이 강하다.

여자의 경우 실제로 많은 자식들 혹은 기질이 강한 자식들을 돌보다 자기 인생을 모두 쏟아버리는 경향이 있으니 고전에도 이러한 사주들은 남의 자식까지 길러낸다고 했다. 남자의 경우는 어떠한가? 남자는 자신이 돕는 오행이 자식에 해당하지는 않는다. 자신이 돕는 오행이 강한 사람들은 자신의 이성친구나 아내에게 지극한 성향이 있다. 그래서 이성이나 배우자에게 자신의 에너지를 모두 쏟는 편이다.

　내가 돕는 오행은 정리하자면 남녀를 불문하고 자신의 제자 혹은 인정으로 묶인 아랫사람에 해당하는데, 그것이 매우 강한 사주 구조를 가진 사람들은 남을 돕는 것을 좋아한다. 일생을 남을 돕는 일에 자신의 전력을 쏟고 자신의 즐거움이나 만족은 도외시하기 쉽다. 혹은 자신을 잃어버린 채 그러한 일에 끌려다니는 성향도 있다.

　어떻게 보면 이러한 모습은 아름다운 것이다. 하지만 그 정도가 지나치다는 것에 문제가 있다. 자신을 챙기지 못하고 자식이나 제자 혹은 누군가를 돕는 일에만 자신의 전력을 다하는 사람은 그러한 행위 자체에 자신도 도취될 수 있다. 이것은 잘못된 것이다. 누군가를 돕는 일은 누군가가 말리기도 힘들다. 도움을 받는 대상 역시 이것을 말릴 생각을 못 한다.

솔루션 3. 나를 기르는 시간

　하지만 운명학의 기본, 운명을 잘 영위하는 기본은 중화(中和, 매사에 중용을 실천하는 상태)에 있다고 했다. 뭐든 과하면 문제를 일으키는 것이다. 자신의 행복을 도외시한 도움은 허위가 될 가능성이 높다. 결국 허탈해지고 내 인생은 무엇이었나 하는 생각이 든다. 어느 순간 도움을 주는 대상을 미워하게 될지도 모른다. 물론 그것이 즐겁고 기꺼이 한다면 상관없다. 하지만 진정으로 그러한가는 돌아보아야 한다.

그렇지 못하다면 결국 도움을 받는 상대방에게도 나쁜 영향을 미치고 도움의 기간도 짧아지니 진정한 도움이 되지 못할 것이다.

다른 누군가에게, 목마른 자에게 물을 제공하고 싶다면 자신의 우물을 채우는 시간이 필요하다. 그 시간이 자신을 기르는 시간이다. 자신의 힘을 채우고, 실력을 기르고, 행복과 여유와 즐거움으로 건강해지는 시간이다. 그 시간을 갖지 못한다면 우물물은 말라버리고 우물 바닥은 잡초만 무성하게 될 것이다. 그 우물을 길어 마시던 사람들이 흉하다며 돌과 흙으로 우물을 메워버리고 말 것이다.

일방적인 관계는 늘 불안하고 위태롭다. 회자정리(會者定離, 만난 사람은 반드시 헤어짐)이니 도움을 받는 사람도 장차 자립할 수 있도록 서로 건강하게 관계 맺는 법을 훈련해야 한다. 그렇게 해야 오히려 이별 후에도 가슴속에 빛나는 그리움으로 남는 것이다.

누군가를 돕는 것과 같은 미덕(美德)조차도 중용의 틀에서 행해져야 오래도록 할 수 있는 법이다. 행복을 주고 싶다면 먼저 자신이 행복해져야 한다. 누군가를 잘 기르고 싶다면 자신도 잘 기를 줄 알아야 한다. 그것이 모쇠자왕이라는 운명학 성어가 우리에게 주는 교훈이다.

04

아내를 두려워하는 남자,
남편에게 끌려다니는 여자

50대 중반으로, 대기업에 다니는 샐러리맨이 찾아왔다. 그의 고민 내용은 아내에 대한 것이었다. 아내가 너무 드세어서 가정이 평온치를 않다는 것이다. 1990년대 초반 30대 중반이라는 당시로선 늦은 나이였고 장남이었기에 부모님의 압력에 못 이겨 결혼했다. 그런데 결혼 초창기부터 아내와 갈등이 심해 하루가 멀다 하고 집안에 큰소리가 나면서 이혼까지 생각했지만, 결국 아들이 생기면서 결혼생활을 이어오고 있다는 것이다.

사사건건 잔소리가 심한 아내가 자신을 너무 힘들게 하니 나이가 들면서 아내에게 져주려고 노력하지만, 그래도 아내가 속을 긁을 때는 속으로 분노가 치밀어 오르는 것을 여전히 주체하기 힘들다고 했다.

그의 사주를 보고 그 원인을 알 수 있었으니 바로 부건파처에 해당하는 사주였다. 원인을 알면 해결책도 찾을 수 있는 법이다. 나는 아내 문제를 묻는 그에게 다소 뜬금없어 보이는 돈 이야기를 꺼냈다.

"혹시 작년에 돈 문제로 크게 고생하지 않았습니까?"

이야기를 들어보니 그는 조그마한 건물을 갖고 있었다. 그곳은 대학가이면서 동시에 직장인들도 많은 곳인지라 경제활동이 활발한 곳으로 최근에도 핫 플레이스로 유명한 곳이었다. 그만큼 월세를 높게 받을 수 있지만 유동성이 많아서 세입자들이 자주 바뀌는 곳이었다. 작년에 스트레스로 등에 큰 혹이 생겨서 수술을 받았는데, 월세 때문에 스트레스를 받은 것도 한몫한 것 같다고 말했다.

"박 부장님은 부건파처의 사주이니 아내에 대한 문제도 있지만 돈에 대한 집착이 가장 큰 원인입니다. 건물을 옮기시는 것도 한 방법이고, 가족과 성공에 대한 개념을 바꿔서 근본적으로는 자기 삶을 찾아야 합니다."

부건파처, 욕망이 두려움을 부른다

부건파처(夫健怕妻)란 무엇인가? 남편이 건왕한데 아내를 두려워한다는 뜻이다. 여기서 남편은 자기 자신, 즉 일간을 말하고, 아내는 남자 사주의 배우자에 해당하니 재성이라는 별이다.

부건파처의 원리는 자기 자신인 일간이 힘이 있는데도 아내에 해당하는 재성의 힘이 더욱 강하고, 다시 그 재성이 일간 자신을 공격하는 관살을 돕고 있을 때 결국 자신은 그 힘에 못 이겨 아내를 두려워하게 된다는 것이다. 부건파처라는 이름은 남성을 기준으로 만들어진 사자성어이기는 하지만, 남녀 공히 자신의 기운이 있음에도 배우자를 두려워한다는 점에서는 공통점이 있다.

즉 부건파처의 사주 구조는 정리하자면 일간이 약간 강하고 재성이 상당히 강한 상태인데, 여기에 더해 일점(一點) 관살이 있는 것이다.

이것은 비유하자면 남자가 젊었을 때 재성인 아내를 함부로 대하다 아내가 남자의 관살에 해당하는 자식을 낳으면서 점점 힘이 세지면 남자가 공처가로 변해가는 것과 같다. 하지만 비단 남자 사주에만 해당하는 것은 아니니 여자 사주도 재성이 아주 강한데 관살이 한 점 있거나 하면 남편에게 자기 목소리를 내지 못한다.

남자일 경우 젊었을 때 잠깐 큰소리를 쳐보지만 세월이 흐를수록 아내를 못 이기는 경향으로 나타나고, 특히 자식이 생긴 이후로는 더욱 그렇다. 부건파처의 구조를 가진 여자의 경우 남편에게 헌신적이지만 의존적이며 끌려다니는 경향이 생긴다. 남편에게 끌려다니니 억울함이 있어도 하고 싶은 말을 제대로 하지 못하고 남편의 눈치만 보면서 고생은 고생대로 하고 오히려 돌아오는 것은 배신이나 비난이니 마음에 응어리가 쌓인다. 부건파처는 이러한 답답함을 갖고 있는 사주 구조다.

이 부건파처를 인간 보편의 마음에 관한 문제로 전환해보면 조금 더 이해하기 쉽다. 부건파처의 구조를 가진 사람들은 매우 현실적이다. 특히 재물욕이 강하며, 때때로 재물을 얻으면 지위나 권력을 가지고 싶어 한다. 돈을 써서 취업하거나 직위를 사는 사람 중에 부건파처의 구조를 가진 사람이 많다.

부건파처의 구조를 가진 사람들은 대체로 평범한 소시민적인 삶을 사는 이들이며, 그중에서도 세속적인 욕심이 강한 사람들이라고 할 수 있다. 이들은 운이 나빠지면 재물을 탐내다 건강이나 사람을 잃기 쉽고, 권력을 탐내다 재물을 허비하고 망신(亡身)하기 쉬운 유형의 사주 구조다.

솔루션 4. 집착하면 끌려다니는 인생이 된다

부건파처의 구조를 가진 이들이 아내와 자식이 장성하면서 가족들에게 끌려다니는 이유는 현실적인 자신의 울타리에 대한 집착이 강하기 때문이다. 여성이 남편에게 그 속마음이야 어떻든 희생적이면서 끌려다니는 것도 역시 세속적인 자신의 울타리를 지키고자 하는 마음이 강하기 때문이다. 그런 마음이 강한 것을 탓할 바 아니겠으나 문제는 이러한 부건파처의 유형일 경우 혼자 살아갈 실력이나 자신감이 부족하기 때문에 나타나는 반작용으로 볼 수 있다는 것이다.

이러한 사람들의 사회생활은 어떤 위험성을 갖고 있는가? 이들은 자신이 속한 조직의 부당함에도 눈을 감고 보신에만 힘쓰거나 자신의 이익을 위해 부정한 일에 동참하기도 하고, 심지어 이익에 눈이 멀어 사람을 속이고 남에게 피해를 입히며 조직을 속여 개인적인 이익을 취하려다 큰 변을 당하게 되는 사람들이다. 사람도 잃고 직장도 잃게 될 우려를 내포하고 있는 것이다. 망신당할 수 있으니 도리에 어긋나는 일로 명예를 잃는 것은 물론 관재구설로 경찰서에 들락거릴 위험이 도사린다.

반면 부건파처의 구조가 큰 재물과 지위를 얻는 것은 어떤 때인가? 소위 부신(扶身, 나 자신을 돕는다)의 운에 대발하고 현달하게 되는 것인데, 이러한 운에서 본래는 구조적 약점을 가지고 있던 부건파처는 재관쌍미, 재와 관이 모두 아름답게 되는 것이다. 부신지운이라는 것은 무엇인가? 일간을 돕는 운이라고 보니 일간을 생조해주는 운과, 일간과 동류의 운이 들어오는 것이다.

이것은 내가 도리를 지키고 하나라도 배우는 운이거나 혹은 나만의 전문적인 실력을 기르는 것이다. 이러한 일간을 돕는 운과 동류의 운은 작은 이익에 일희일비(一喜一悲)하거나 내 울타리에 집착해 배우자나 상황에 끌려다니는 것이 아니라 중장기적으로 내다보고 바른길로 매일 한 걸음씩 꾸준히 나아가는 것이다.

사람이 가진 세속적인 욕망을 탓할 수는 없다. 다만 그것이 이익에 눈이 멀거나 집착하고 연연함으로 발전해 자신의 일상과 미래를 망가뜨려서는 안 된다. 눈앞의 이익에만 몰두하고 울타리를 세우거나 지키는 데에만 매달려 두려운 마음으로 여기저기 끌려다녀서는 자신의 깊이 있는 실력을 기를 기회를 놓치고 만다.

사랑으로 가득해야 할 남편이나 처자식과의 관계나 부부 관계가 욕망에 의해 한쪽이 한쪽을 짓누르는 권력 관계로 변모해서는 곤란하다. 부건파처는 세속적인 집착으로부터 탈피해 혼자 설 수 있는 사람이 진정한 사랑도 할 수 있고, 화목한 공동체도 일굴 수 있다는 평범한 진리를 되새기게 한다.

연애운이 좋은 사람,
결혼운이 좋은 사람

30대 중반의 H씨는 프리랜서 디자이너였다. 젊은 나이에 결혼했지만 아이는 없었던 그녀는 여동생과 함께 신년 운세를 보러 찾아왔다. 처음 얼굴을 보고는 말은 안 했지만 내심 언니와 동생이 뒤바뀐 줄 알았다. 여동생은 젊지만 무뚝뚝한 남자 같은 인상인 반면, 언니의 얼굴에는 결혼 직전의 미혼 여성들이 가지는 묘한 매력이 보조개 같은 흉터처럼 언뜻언뜻 짙게 비쳤던 것이다.

이런저런 이야기를 나누던 중 잠깐 망설이다 H씨는 어렵게 이야기를 꺼냈다. 결혼을 했는데 남편의 가장 친한 친구 중 한 명인 K씨가 자꾸 접근한다는 것이었다. 워낙 가까운 사이다 보니 함께 술자리를 하는 경우가 잦았는데 남편이 없는 사이에 이런저런 접근들이 있었고, 결국은 그 때문에 그 사람을 다시 보지 않는다고 했다.

그런데 그 일 외에도 일로 만난 사람 중 상당수 남성이 자신에게 다가와 귀찮은 일들이 많았다고 한다.

그러고 보니 그녀에게는 나체도화가 2개나 있었는데, 담장 안의 꽃과 담장 밖의 꽃이 모두 있었다. 담장 안의 꽃은 집안의 꽃이니 가정 내에서의 애정을 말하며 결혼을 빠르게 만들지만, 담장 밖의 꽃은 뭇 사람들의 꽃이니 나이가 들어서도 누구나 갖고 싶어 하는 것이다.

이렇게 강한 이성으로서의 매력을 타고난 것이 그녀의 죄라면 죄이고, 그 때문에 치러야 할 대가가 있다면 그것은 연예인들의 유명세 같은 매력세라고 할 수 있을 것이다. 나체도화를 가진 사람들, 그중에서도 장외도화(牆外桃花)를 가진 사람들은 이런 매력을 강렬하게 갖고 있으니 이것은 양날의 검으로 나쁜 점과 좋은 점을 함께 갖고 있다.

나체도화, 타고난 스타의 기질

나체도화(裸體桃花)란 무엇일까? 벌거벗은 몸이라는 의미의 나체와 복숭아꽃을 의미하는 도화라는 글자의 만남이다. 물론 여기서 도화는 복숭아꽃으로 상징된 이성적 매력을 의미한다. 명리학을 잘 모르는 사람이라도 도화살에 대해서는 많이 들어보았을 것이다.

도화살이라는 것은 널리 알려진 바와 같이 사람의 사주 내에 있는 여러 신살(神煞) 중 이성과 많은 염문을 뿌리는 별을 의미한다. 과거에는 좋지 않은 의미로 많이 활용되었으나 현대에 들어서는 조어가 좀 어색하기는 하지만 소위 '스타살'이라 하여 이성에게 인기가 많다는 좋은 의미로 더 많이 쓰인다.

그렇다면 여기에 나체라는 말은 왜 붙었는가? 여기서 분분한 이론들을 자세히 설명하기는 어렵지만, 간략하게 정리하면 명리학에서는 십이지지를 따라 일간 오행이 탄생에서부터 죽음에 이르기까지의 과정을 인간의 생로병사 과정에 빗대어 설명한다. 그 12가지 과정 중에 태어나 몸을 씻는 목욕에 해당하는 과정이 있다. 이 목욕이 도화살에 해당하기에 자연스럽게 도화살은 나체도화이며, 목욕의 의미는 도화와 밀접한 관련이 있다.

목욕의 과정은 모든 사람이 보는 앞에서 몸이 씻기는 어린아이의 시절에 해당한다. 천둥벌거숭이인 어린아이는 부끄럼이 없고 욕망에 충실하다. 따라서 도화살을 가진 사람은 다른 사람에게 정욕(情慾)을 불러일으키는 면이 강하고, 그렇기에 이성적인 매력으로 접근하는 사람들이 많은 것이다. 도화가 있는 사람은 얼굴에 홍조를 띠는 등 소위 색욕을 일으키게 하는 자태와 용모를 갖고 있다.

도화는 무엇과 결합하느냐에 따라 수십 가지로 설명할 수 있고, 그 용어도 다양하다. 여기서 모두 설명할 수는 없으므로 가장 흥미 있는 부분을 골라서 살펴보고자 한다.

도화살의 원칙적인 구성은 다음과 같으며, 비단 이 원칙에 걸맞지 않아도 사주에 자오묘유(子午卯酉)가 많으면 도화살에 준하는 끼를 갖고 있다.

연지(年支) 혹은 일지(日支)를 기준	연지, 월지, 일지, 시지 (하나만 있어도 해당됨)
해묘미: 돼지, 토끼, 닭	자(子): 쥐
인오술: 범, 말, 개	묘(卯): 토끼
사유축: 뱀, 닭, 소	오(午): 말
신자진: 원숭이, 쥐, 용	유(酉): 닭

예를 들어 나의 일지가 돼지, 해(亥)인데 연지나 월지, 시지에 자(子)가 있으면 해당 지지가 도화살이며, 나의 연지가 해인데 월지나 일지, 시지에 자가 있으면 해당 지지가 도화살에 해당한다.

도화살을 이용해서 이 사람이 연애운이 더 좋은지, 결혼운이 더 좋은지를 살펴볼 수 있다. 어떤 사람이 연애하고 싶은 욕망을 불러일으키는가, 어떤 사람이 결혼하고 싶은 욕망을 불러일으키는가 하는 것이다.

간단히 말하면 도화살은 장내도화(牆內桃花)와 장외도화(牆外桃花)로 구분할 수 있는데, 장내도화가 강한 사람은 결혼운이 좋고 장외도화가 강한 사람은 연애운이 좋다. 장내도화는 태어난 생년과 생월에 도화살이 있는 사람으로, 이들은 대체로 일찍 연분을 만나서 결혼한다.

반면 장외도화, 즉 생일과 생시에 도화가 있는 사람들은 연애에는 강력한 매력을 발산하기에 좋지만, 결혼생활에는 불안정한 느낌을 주어 결혼이 잘 이뤄지지 않고 파란이 따르기 쉽다. 만약 장외도화인데도 결혼을 일찍 했다면 결혼 후에도 문제가 될 여지가 있다. 물론 이것은 단식판단이니 사주의 구조와 여러 별을 함께 참조해야 하지만 분명히 영향력은 있다.

실제로 사주감정을 하면 장내도화를 가진 사람들은 일찍 결혼한 사람을 많이 보고, 장외도화를 가진 사람은 이성 관계가 복잡하거나 결혼 후에도 염문으로 인해 피곤해하는 경우를 많이 볼 수 있다. 혹은 장내도화는 만혼이라도 결혼하기 전까지 매력을 많이 발산하는 스타일이고, 장외도화는 결혼 이후에도 매력을 발산하는 스타일이다.

솔루션 5. 매력은 최고의 자산

장내도화와 장외도화는 어떤 성향을 보이는가? 둘 다 결혼 유무와 상관없이 성적인 매력을 많이 풍기는 사람들이다. 그런데 장내도화를 가진 사람들은 책임감이 강하고 한 사람에게 안착하려는 성향이 강하고, 성적인 부분에서 어느 선을 지키려는 힘이 많다. 장내도화는 어른들의 감시하에 나체가 되었으니 성적인 면에서 어른스러운 면모가 있는 것이다. 하지만 장외도화는 성인이 된 후 스스로 나체가 된 셈이니 자유분방한 기질이 더 강한 편이다.

자신이 이러한 기질을 알고 있다면 스스로 어느 정도 조절을 하면 크게 문제될 것은 없다. 만약 독신이나 비혼주의라면 장외도화는 평생 멋진 연애를 할 수 있는 귀한 별이 될 수도 있는 것이다. 물론 도화를 갖고 있지만 일찍 결혼하고 싶은 사람이라면 거기에 맞춰서 자기통제를 해야 할 것이니 도화살은 연예인들의 유명세처럼 어쩔 수 없이 감수해야 하는 측면이 있다.

도화를 연애와 결혼의 측면에서만 이야기했는데, 고전에도 도화살을 가진 사람은 명주(命主, 운명의 주인공)가 총명하고, 지혜와 재능이 많은 사람이라고 나와 있다. 그리고 이성적 매력이라는 것도 현대사회에는 무엇보다 훌륭한 자산이 될 수 있고, 그것으로 인해 직업적으로 성공할 수 있는 부분도 많다.

자신이 장외도화를 가지고 있다면 고민할 것이 아니라 연예인이나 문화예술 분야와 같은 이성적 매력을 발산하는 것이 유리한 업종에 종사하면 되는 것이다. 그리고 비단 그러한 분야가 아니라고 해도 도화살이 가지고 있는 총명함과 매력으로 어떤 일에서든 남보다 더 앞서 나아갈 수 있다. 운명학에서 도화살은 남들이 부러워할 만한 강점으로 살려낼 수 있는 측면이 매우 많은 별로 현대에 새롭게 주목받고 있다.

3장

대인관계

01

무난한 인생과
중요한 인생 사이에서

제대 후 복학을 하고 같이 교양과목을 듣던 다른 학과 학생 C와 친하게 지냈던 일이 있다. 녀석은 유쾌하고 사람들을 좋아해서 남녀를 막론하고 친구들이 많았다. C는 날씬한 몸에 약간 긴 얼굴을 갖고 있었고, 얼굴에는 아직 여드름 자국이 남아 있었다. 그 친구의 집에 놀러 간 적이 있었는데, 아버지가 택시 기사였던 것으로 기억한다.

꿈 많은 청춘들인지라 맥주를 마시면서 시간 가는 줄 모르고 이 런저런 이야기를 나누었는데, 녀석은 문득 가슴에 묻어두었던 이 야기를 꺼냈다.

"넌 잊지 못하는 사람이 있냐?"

나는 왜 뜬금없이 그런 이야기를 하는지 되물어보았다. 고등학교

때부터 사귀다 헤어진 지 3년 된 전 여자친구 K양에 관한 이야기였다.

두 사람은 서로 좋아했지만 K양에게는 심각한 질환이 있었다. 우울증을 앓고 있던 그녀가 한 번씩 죽고 싶다는 이야기를 한다는 것이었다. 갈수록 그 정도가 심각해져서 C는 매일매일 괴로운 시간을 보냈고, 때로는 불안해하고 때로는 화를 냈다.

열아홉 살 때 둘은 같이 죽자면서 가파른 산에 올라간 적도 있다고 했다. 그런 날들이 계속되자 주위에서는 헤어지라고 했지만, 녀석은 그 인연의 끈을 놓지 못하고 몇 년을 끌었다.

결국 여자의 부모님이 그만큼 했으면 되었다면서 둘의 사이를 떼어놓고 어디론가 떠나고 C도 입대하면서 긴장의 세월은 해소되었다. 하지만 C는 여전히 그녀를 잊지 못하고 있었다.

그 친구의 사주를 보고 나는 한마디 뱉었다.

"넌 마음이 너무 약해서 큰 인물은 못 되겠구나."

녀석은 애초에 그럴 마음도 없다면서 쓴웃음을 지었다. 그 친구는 과어유정의 사주였다. 이런 사주는 사실 고치기가 가장 어려운 경우 중의 하나다. 맹수처럼 힘과 재능이 탁월하더라도 발이 묶인 매처럼 멀리 날아가기 힘들다. 그런데 C와 연락이 끊긴 지 20년이 훨씬 넘었지만 아직도 그 친구의 이야기를 할 때 녀석의 우수에 젖은 표정을 잊지 못하고 있는 것은 왜일까?

과어유정, 다정함도 병이라
정이 많아서 성공하기 어려운 운명

과어유정(過於有情)이란 무엇인가? 정이 있는데 그것이 지나치다는 말이다. 그렇다면 운명학에서 정이 있다, 유정(有情)하다는 것은 어떤 것인가? 명리학에서 유정 혹은 무정은 다양한 상황에서 활용된다. 길신(吉神)을 도와주는, 생조하는 이가 있는 것을 유정하다고 하기도 하며, 길신이 뿌리내린 것을 유정하다고 하기도 하는 등 한 가지로 논하기 어렵다.

여기 과어유정에서 유정함은 합을 이루는 것을 말한다. 사주 여덟 글자에는 천간이든 지지든 서로 결합하는 합이 있고, 서로 싸우는 충이 있다. 합충(合沖)에 관한 내용은 워낙 많아서 이 책에 다 싣지 못했는데, 상생상극과 비슷하다고 보면 된다. 합(合)은 상생적인 관계에 가깝고, 충(沖)은 상극적인 관계와 유사하다.

일반적으로 사주에서는 합이 있는 것은 사주의 구성요소들끼리 사이가 좋은 것으로 보아 길한 것으로 여기고, 충이 있는 것은 반대로 전투적인 상황이 벌어지는 것으로 보아 분쟁과 갈등이 많은 운명으로 간주한다.

하지만 이것은 초급 단계에서 논하는 상황이며, 조금 더 깊이 들어가면 합이 반드시 좋은 것만도, 충이 반드시 나쁜 것만도 아니다. 중·고급 단계에서는 그 사주 전반의 상황을 세세하게 살피니 나쁜 합도 있고, 좋은 충도 있는 것이다. 여기서 말하는 과어유정이란 그런 복잡한 내용이 아니라 단순히 사주에 합이 많은 것 자체가 그 명주(命主)에게 나쁜 영향을 미칠 수 있음을 말한다.

사주 글자들에 합이 일정 이상으로 많은 사람은 문제가 있으니 그것을 과어유정이면 지무원달(志無遠達)이라 하고, 합다자 불위기(合多者不僞奇)라 하는 것이다. 지나치게 유정하면, 즉 합이 많으면 지무원달이라, 그 뜻이 높은 곳에까지 도달하지 못한다는 것이다. 또한 합다자 불위기라는 것은 합이 많은 사람은 기이하지 못하다는 것이니, 여기서 기이하다는 것은 특출한 성공을 말하는 것이다.

정리하면 합이 많은 사람은 뜻이 먼 곳에까지 이르지 못하고, 즉 높은 뜻을 이룰 수 없고 일정 이상의 성취를 이루지 못한다는 것이다.

왜 그러한 일이 벌어지는가? 사주에 합이 많은 사람은 과어유정이라는 표현에서도 느낄 수 있지만 정이 많다. 다른 사람들과의 분쟁을 싫어하고 좋은 쪽으로만 해결하려는 경향이 있다. 그리고 소위 오지랖이 넓은 사람들이 많다. 여기도 챙겨야 하고 저기도 챙겨야 하니 자기 인생행로에 주류가 없고, 상황에 따라 갈팡질팡하기 쉽다.

또한 과어유정한 사람들은 소위 독한 사람이 없다. 무엇인가를 반드시 이루려고 하는 집념이 약한 것이다. 세상살이가 물 흘러가듯 흘러가면 일상에 안주하기 쉽다. 이것은 평온한 삶을 위한 중요한 덕목이지만, 한편으로 세속적인 관점에서는 발전이 없다. 그렇기에 지무원달, 그 뜻이 멀리에 이르지 못하고 특별한 성공을 거두기 어려운 것이다.

솔루션 6. 안락 속에서 언제까지나 머무를 수는 없다

무난한 인생을 살 것인가, 아니면 조금 격렬해도 중요한 사람이 되는 인생을 살 것인가? 그것은 선택의 몫이다.

하지만 과어유정으로 인해 자신의 마음이 크게 불편하게 느껴진다면 그것을 직시하고 개선할 필요가 있다.

첫째, 다툼을 싫어하는 것은 때로는 우유부단함으로 나타날 수 있다. 좋은 게 좋은 것이라고 하지만, 세상에는 좋은 게 좋은 것이 아닌 냉정한 현실이 많다. 그리고 그렇게 그냥 넘어간 것들이 축적되어 거대한 짐으로 다가오는 경우가 많다. 누구에게나 좋은 사람은 환상이다.

둘째, 지나친 오지랖이 자기 인생의 밀도를 낮출 수 있다. 중요하지 않은 일에 시간과 정열을 낭비하다 보면 정작 중요한 일에 쏟을 힘이 없다. 밀도가 낮은 삶은 곧 가치 없는 삶을 말한다.

끝으로, 적당히 안주하는 삶이 가장 불안한 삶이라는 것을 알아야 한다. 우환 속에서 살고 안락 속에서 죽는다는 말이 있다. 적당한 긴장감이 삶의 탄력을 유지한다. 때로는 냉정하게 잘라낼 것은 칼처럼 잘라내고 새로운 세계로 끊임없이 나아갈 수 있어야 한다.

그것이 최고의 평안이며, 자기 자신을 무난하지만 무가치한 인생이 아닌, 필요하면서 중요한 VIP(very important person)로 만드는 길이다. 물론 이것이 삶의 모든 측면을 말하는 것은 아니며, 조화로운 삶을 위한 하나의 중대한 가치를 과어유정을 통해 짚어보았을 뿐이다. 유정함에 발이 묶이는 인생은 자신도 모르게 고인 물처럼 썩어가는 인생을 만들기 쉽다. 무주거(無住居)에 주거(住居)하라(머무는 바 없음에 머무르다). 그것이 과어유정이 우리에게 전하고자 하는 메시지다.

02

죽어가면서야 깨닫는 은혜

40대 초반에 쇼핑몰을 운영하는 여사장 P는 오래전부터 친분이 있었다. 그가 대학원에서 석사과정을 밟고 있을 때부터 데이터베이스 구축 관련 문제로 일을 함께한 적이 있었기 때문이다.

그녀는 석사과정을 마치고 직장생활을 하다 자기 사업을 시작했다. 가끔 사업에 관한 조언을 구했는데, 사업은 궤도에 올라 괜찮았지만 문제는 이성 관계였다. 미혼이니 여러 남성을 만나는 것이야 뭐라고 할 게 아닌데, 고집과 질투심이 대단했다. 직원 중에 마음에 드는 남자 K실장이 있었는데, 그와 호감을 주고받는 여성이 있으면 갖은 핑계를 대서 내보내곤 했다.

K실장은 처음 쇼핑몰을 시작할 때부터 함께했던, 말하자면 창업 공신이었다. 그리고 실무 전체를 관장하고 있다 보니 직원들도 대

표인 P보다 K를 더 신뢰하고 따르는 형국이었다.

P는 K실장이 자신의 마음을 받아주지 않자 급기야 K를 내보내려는 결심까지 하고 나에게 문의를 했다.

"사장님은 배록축마의 사주입니다. 전장에서 말을 잃으면 맨몸으로 뛰어다니면서 싸워야 하는데 괜찮겠습니까?"

나는 극구 만류했지만 결국 얼마 지나지 않아 그녀는 앞으로는 맨몸으로 싸우겠다며 일을 벌였다. K실장이 조용히 만나던 여자와 결혼 소식을 알리고 회사에 청첩장을 돌린 것이다. 자신에게 꼭 필요한 사람을 몰아내는 어리석음을 범하는 운이나 사주가 있으니 바로 배록축마에 해당한다. K실장이 나가고 한동안 P사장이 동분서주하면서 분발했지만 K가 동종 업체로 이직하면서 사업 규모가 상당히 축소되는 것을 막기는 어려웠다.

배록축마, 고마운 사람을 배신하고 인생을 잃다

배록축마(背祿逐馬)는 녹을 배신하고 말을 구축(驅逐)한다, 즉 몰아낸다는 말이다. 여기서 녹은 관직운을 말하고, 말은 재물운을 말한다. 오신으로 말하자면 녹은 관성, 말은 재성에 해당한다. 즉 사주 내에서 혹은 대운의 흐름에서 관직운과 재물운을 모두 배반하고 제거하는 것을 말한다. 이러한 구조를 만나면 재물과 명예, 직장을 모두 잃게 되니 그 고통이 심대할 것임은 불을 보듯 뻔히

내다볼 수 있는 것이다.

여기서 대운(大運)이라는 것은 설명하자면 복잡하고 이 책의 목적과도 무관해 이 책에서 다루지 않는데, 간단하게 말하자면 이렇다. 타고난 사주는 죽을 때까지 변함이 없는 것이고, 대운은 크고 좋은 운이 아니라 연령대에 따라 10년마다 변화하면서 나에게 다가오는 운을 말한다.

2019년은 기해년, 2020년은 경자년, 2021년은 신축년으로 1년마다 연운이 변화하는 것처럼 한 사람의 사주도 연령에 따라 각기 다른 운들이 찾아온다. 운에는 대운(大運), 연운(年運), 월운(月運)이 있는데, 한 달마다 바뀌는 월운, 1년마다 바뀌는 연운보다 큰 10년이라는 기간마다 한 번씩 바뀌기 때문에 대운이라고 한다.

다시 본론으로 돌아가, 그렇다면 어떻게 사람이 자신이 가진 것을 한 번에 잃어버리는 것일까? 배록축마의 불행을 맞이하는 사주는 대개의 경우 재자약살(財滋弱煞)의 구조에서 나타난다. 재자약살이라는 것은 약한 관록운을 재운이 도와주는 것인데 배우자나 아내 혹은 유능한 아랫사람, 부하직원을 통해 재물을 얻고 그것을 바탕으로 좋은 직장운을 유지해나가는 사주다. 재물과 직위를 모두 이들이 떠받쳐서 만들어준 것이다.

이러한 사주는 현대인으로 보면 전문적인 능력을 가진 사업가들에게서 많이 볼 수 있다. 한편으로는 큰 관직과 좋은 직장을 아랫사람의 도움으로 일궈낸 것이니 저 밑바닥에서부터 시작했다고 하더라도 궁궐 같은 곳에 이르기까지 조강지처나 유능한 수하(手下)로 인해 도달한 것이다.

그런데 이러한 사람들이 한 번에 몰락하는 운으로 접어드는 것은 왜일까? 제나라 환공(桓公)을 예로 들어보자.

왕위 계승 문제로 혼란했던 제나라에서 포숙아(鮑叔牙)는 공자 소백을 모시고 거(莒)나라에 숨어 살았고, 관중(管仲)은 공자 규를 데리고 노(魯)나라에 은거했다. 제나라의 왕 공손무지가 사망하자, 먼저 왕위를 차지하기 위해 관중과 포숙아는 각자의 공자를 데리고 황급히 궁궐에 입성하기 위해 내달렸다. 관중은 이 과정에서 소백을 죽이려고 활을 쏘았으나 천운인지 혁대에 맞는 바람에 소백은 살아났고, 결국 소백이 왕위에 올라 제나라 환공이 되었다.

환공은 천하를 얻기 위해서는 반드시 관중을 얻어야 한다는 포숙아의 충언을 새겨듣고, 개인적인 원한을 떨쳐버리고 관중을 재상으로 삼았다. 과연 포숙아의 말대로 관중은 부국강병으로 제나라를 모든 나라의 섬김을 받는 패권 국가로 만들었다. 하지만 태평한 세월이 오래가자 제나라는 점점 수초나 역아와 같은 간신배를 가까이했다. 관중은 말년에 병이 들어 죽어가면서 수초와 역아를 멀리하라고 했고, 다음으로 재상의 위에 오른 포숙아는 그들을 내쫓지 않으면 재상을 맡지 않겠다고 했다.

환공은 처음에는 말을 듣는 척했으나 다시 그들을 궁궐로 불러들였다. 결국 간신배들의 모략에 의해 외부와 완전히 단절된 방에서 목이 말라도 물 한 모금 떠다 줄 사람 없이 아무도 만나지 못한 채 외롭게 죽어갔으니 그제야 관중과 포숙아가 옳았음을 깨달았다.

이후 죽어서 시체가 되었어도 왕권 다툼으로 누구 하나 돌보는 이가 없어서 시체 썩는 냄새가 진동하고, 환공의 사체에서 나온 벌레가 궁궐 곳곳을 돌아다닐 지경이었다. 환공은 포숙아의 도움으로 왕이 되고, 관중의 도움으로 패자(霸者, 패권을 쥔 사람)가 되었건만 충신의 뜻을 멀리하고 고집을 부리다 비참한 말년을 보내고 최후를 맞이한 것이다.

솔루션 7. 조강지처와 충신은 내치지 않는다

조강지처와 충신의 조언을 무시한 오만함과 어리석음은 인간에게 재물과 명예를 모두 잃게 만드니 소위 패가망신하는 것이다. 자신을 음으로, 양으로 보좌한 배우자나 아랫사람에 대해 상황이 달라졌다고 해서 그들의 충언을 무시하고 오만불손하고 고집스럽게 행동한다면 그것이 곧 배록축마의 길로 가는 것이니 관록을 배신하고 말을 쫓아내는 것이다.

관록은 올바른 법규와 도리이며, 말은 내가 전장을 함께 누비는 가장 고마운 동반자이니 뭔가 일궜다고 해서 오만하게 도리를 벗어난 행동을 하고 동반자를 내쫓는다면 재물과 명예를 모두 잃게 됨은 묻지 않아도 알 수 있다.

운명학은 배록축마라는 성어를 통해 우리가 고마운 사람들에게 어떻게 해야 하는지 크든 작든 우리가 가진 삶의 터전, 직장과 재물을 한 번에 잃지 않기 위해서는 어떤 태도를 유지해야 하는지를 알려준다.

조금 더 덧붙이자면, 일반적으로 배록축마는 운에서 만나는 것을 의미하지만 사주 구조 내에서 이러한 배록축마의 구조를 가진 사람들이 있다. 이러한 사람들은 언제나 자신에게 쓴소리나 도움이 되는 현실적이고 실용적인 사람들의 조언과 도움을 무시하고, 번번이 자기 고집대로만 나아가 일을 망치고 실패한다.

고마운 동반자까지 함께 불구덩이로 몰아넣는 지독한 환난을 맞지 않으려면 배록축마라는 운명학의 경고와 지혜를 되새겨 심대한 경각심을 갖고 큰 결단을 내려 자신의 운명을 결연히 바꿔나가야 할 것이다.

03
굴복할 수 없는 자존심을 가진
사람들의 운명

50대 중반의 엔터테인먼트 업체 사장인 B씨는 배가 좀 나온 중년 남성이었다. 업력도 20년이 넘은 데다 연이어 앨범이 히트 치면서 사업이 궤도에 오른 그는 앞으로 남은 인생은 좀 즐기면서 살아가고 싶은데 뭘 해야 할지 모르겠다는, 누가 들어도 부러울 만한 질문을 던졌다.

비록 체형은 조금 아저씨 같았지만 동안에다 머리카락은 아직도 힘이 있고 풍성해 심지어 30대로도 볼 수 있을 것 같은 외모였다. 부러움을 삼키고 사주를 풀어보았다. 여유 있어 보이는 사연과는 다른 사주였다.

"신불가과라, 운의 흐름이 좋아서 이 자리에까지 오셨지만 좌충우돌하는 사주네요. 만만치 않았겠어요."

사람 좋아 보이는 웃음을 짓던 B사장은 자기가 인상과 달리 성격이 좀 있다고 했다. 이야기를 나눠본즉슨, 자존심이 무척 강한 그는 몇 년 전에도 한 대형 아티스트와 크게 다투고 인연을 완전히 끊었다고 했다.

그가 자기 업체의 주요 수입원 중 하나이기는 했다. 하지만 B사장에 따르면 젊은 녀석이 갑질하는 꼴 같지 않은 모습을 계속 보이자 아티스트가 앞으로도 함께 계속하자고 요청했는데도 지난 작품을 끝으로 더는 작업을 진행하지 않겠다고 공언했다는 것이다.

사업하는 입장에서 보면 상당한 손해를 감수할 수밖에 없지만, 워낙 아이템을 발굴하는 능력이나 스타를 만들어내고 마케팅을 펼치는 사업적 수완이 좋기에 이후에도 그의 성공 가도에는 전혀 지장이 없었다. 쓸데없는 자존심은 비즈니스에 독이 되는 경우가 많지만 절대적인 것은 아니다. 자존심을 굽히지 않고도 잘 살아가는 사람들도 있으니 그 나름으로 살아가는 메커니즘이 있기 때문이다.

신불가과, 총명함으로 일생을 그르치다

신불가과(臣不可過)에서 신(臣)은 신하이며, 불가(不可)는 옳지 않다는 말이며, 과(過)는 지나침을 말한다. 즉 신하가 지나친 것은 옳지 않다는 명리학 사자성어다. 여기서 신하는 자기 자신, 즉 일간에 해당하고, 군(君), 즉 임금에 해당하는 것은 오행의 상극 관계에서 나를 극하는 오행이니 오신으로는 관성에 해당한다.

신불가과의 사주 구조는 일간이 비겁이 많아 매우 강하고, 관성이 미약한 형태다. 신불가과의 해석은 '신하가 지나치면 옳지 않다'이지만, 이 구조를 가진 운명은 임금이 더 강해지는 것을 원하지 않는다. 왜냐하면 이미 신하인 나 자신이 너무 강해져 있어 유연한 임금을 원하기 때문이다. 따라서 신불가과는 말 그대로 풀이해서 어떠해야 한다는 당위로 해석해서는 안 되고, 받아들일 수밖에 없는 필연적 상황의 관점으로 이해해야 한다.

신불가과의 구조에서 임금의 기운까지 강해져 버리면 임금과 내가 극도로 대립해 사이가 나빠지는 형국으로 변하고, 그렇게 되면 신하인 내가 큰 형벌을 받거나 유배를 가는 상황이 벌어진다. 따라서 신불가과의 구조를 가진 사주는 신하인 나 자신의 기운에 맞춰서 운명을 운행하는 것이 좋다.

그것은 임금의 기운을 빼서 나를 돕거나 내가 더 활약할 수 있는 운이 와야 한다는 것이다. 임금을 돕는 운이 오면 위기와 난관에 봉착하고 어려운 시절을 겪는다. 심지어 임금에 반해 역모를 일으킬 수도 있으니 큰 화를 겪을 수 있다.

신불가과인 사람을 현실 세계에 올려놓고 살펴보자. 그는 어떤 사람이며, 어떻게 인생을 운전해야 하는가?

11세기 중국 송나라의 대표적인 문장가로, 당송팔대가의 한 명으로 꼽히는 소동파가 신불가과의 구조와 흡사한 운명을 가진 사람이다. 그는 22세에 진사시에 급제했고, 모친상을 마친 후 다시 대과에 장원급제했다. 궁정에서 일하던 그는 왕안석의 신법에 반대하다 지방관으로 전출되었다. 이후 신종(神宗)의 후원 아래 진행되던 신법에 대해 공개적으로 비판하는 글을 남겨 소위 필화(筆禍) 사건으로 유배를 간다. 소동파는 일생 유배지를 전전하며 관료로서 성공하지는 못했지만 탁월한 문장가로 역사에 남았다.

소동파는 48세의 늦은 나이에 아들을 가졌을 때 「세아희작(洗兒戲作)」이라는 시를 남겼는데, 그의 일생을 단면적으로 들여다볼 수 있다.

인개양자망총명(人皆養子望聰明)
아피총명오일생(我被聰明誤一生)
유원해아우차로(惟願孩兒愚且魯)
무재무난도공경(無災無難到公卿)
사람들은 모두 아이를 총명하게 기르기를 희망하지만
나는 총명함으로 일생을 그르쳤다.
이 어린아이에게 오직 바라는 것은 어리석고 미련하여
재난 없이 고관으로 살기를 바랄 뿐이다.

절대왕정이 사라진 현대에 군(君)은 직장생활을 할 때 상사나 혹은 사업을 할 때 대형 클라이언트라고 할 수 있다. 신불가과의 구조를 가진 사람은 과(過)함, 지나침이 불가함에도 불구하고 그것이 잘되지 않는다. 신(臣)임에도 신하 같지 않으니 운이 좋지 않을 때, 즉 임금에 해당하는 이들이 힘이 강해지고 의욕적으로 자신만의 일을 추진할 때 심각한 대립이 생긴다.

더 나쁜 것은 그 군이 부당한 지시를 내리거나 불합리한 태도를 보일 때 즉각적으로 맞서게 되는 경우다. 군신의 대립이 심해지면 평안할 날이 없고, 사약을 받든 유배를 가든 하니 사업은 망가지고 직장에서 해고되거나 좌천되고 만다.

솔루션 8. 자존심을 능가하는 실력

신불가과의 이러한 태도에 대해 정답을 말하기는 어려운 문제다. 때로는 군의 부당함에 저항하는 것이 필요하기 때문이다. 다만 도리에 비추어 어쩔 수 없는 경우가 아니라면 적당히 자신을 지키면서 나쁜 운을 잘 넘기거나 적어도 연착륙하는 전략을 취할 수는 있을 것이다. 그러한 전략은 두어 가지 정도로 생각해볼 수 있다.

첫째, 저항도 현명하게 해야 한다. 즉 기분 나쁘다고 해서 무례한 행동을 하거나 누가 봐도 도리에 어긋난 언행을 해서는 안 된다. 그것은 좌천되고 말 일을 유배를 가고, 유배를 가고 말 것을 사약을 받게 할 수 있다. 저항하더라도 도리에 맞게 예의 바르고 현명하게 해야 한다.

둘째, 어리석음도 지혜다. 소동파가 「세아희작」이라는 시에서 탄식하듯 읊었듯이 때로는 어리석고 미련하게 보이는 것이 지혜다. 자신의 지혜를 모두 드러내는 것이 어리석은 일이라는 것은 세상의 간난신고(艱難辛苦)를 많이 겪어본 이들은 자연스럽게 터득하게 되는 지혜다.

자신의 목적을 이루는 방법이 한 가지만 있는 것은 아니다. 서두르지 않고 지혜를 발휘하면 상대방을 불쾌하게 하지 않으면서도 최종적인 목적을 이룰 수 있다. 『손자병법』에서도 싸우지 않고 이기는 것이 최상의 승리라고 하지 않았던가?

한편 신불가과를 두둔하는 말을 덧붙이고자 한다. 소동파가 필화 사건으로 자신의 일생이 험난하게 되었지만, 그러한 경험들이 그의 예술 세계를 더욱 깊게 만들었다. 그리고 도리에 맞아 꼭 필요할 때는 저항을 하는 것이 사회를 발전시키기도 한다. 장기적으로 보았을 때 반드시 생기는 한 사회나 인간에게 피할 수 없는 갈등과 유랑도 있기 마련이다. 세속적인 성공을 떠나서 그러한 길은 나름대로 운치 있고, 역사에 길이 남을 가치 있는 운명을 만들어낸다.

끝으로 현실로 돌아와 정리하자면, 유달리 자부심과 자존심이 강한 사주 구조를 가진 사람들이 있다. 이것을 지켜나가기 위한 전제조건은 실력이다. 대체할 수 없는 독보적인 실력이다. 그것도 없이 자존심과 자부심만 내세운다면 세상 밖으로 밀려나든지, 세상 속에서 뭉개지고 말 것이다.

신불가과의 구조를 가진 사람은 자신만의 전문적인 실력으로 승부해야 한다. 자신에 대한 자존심과 자부심이 강하다면 요즘과 같이 직업이 다원화된 시대에는 군과 일상적으로 부딪치지 않아도 되는 직업을 선택하는 것도 요령이니 얼마든지 자신만의 아름다운 인생이라는 명작을 그려나갈 수 있을 것이다.

무엇보다 군에 연연하지 않아도 될 정도로 자신이나 자신이 만든 상품의 가치를 높이는 것이 관건이니, 나 자신이 자족하고 끝나버리는 것이 아닌 세상이 인정하는 경지에 오르기까지 하나의 길에 일로매진(一路邁進)하는 것이 현명한 지혜라고 할 수 있을 것이다.

04

의지할 신하가 없으면
배가 산으로 간다

30대 커플이 찾아왔다. 남자는 30대 중반이고, 여자는 30대 후반으로 연상연하 커플이었다.

남자는 최근 상사의 괴롭힘 때문에 직장을 그만둔 실직 상태로 걱정이 이만저만이 아니었다. 여자는 번화가에서 조그만 카페를 운영하고 있었는데, 사장님이 실력 있는 바리스타라고 소문이 나서 점점 손님이 많아지고 있었다.

"이 사람은 매사 너무 심각해서 문제예요."

"괜찮습니다. 이 사주는 군뢰신생이니 병이 있어도 약이 있는 사주라 너무 걱정하지 않으셔도 되겠습니다."

"약이 뭔데요?"

"함께 있는 여자분이요."

"예?"

"카페에 일손 필요하지 않으세요? 남자분이 서포트 잘하실 것 같은데요."

내가 이야기를 꺼내자 여사장은 안 그래도 그런 방법도 생각하고 있었는데, 남자친구가 공부를 많이 한 사람인지라 카페 일을 해도 될까 고민이라고 했다.

장사를 포함해서 어떤 사업이든 기획력이 필요한 법이다. 남자가 마케팅을 포함한 기획이나 경영관리를 맡으면 상당히 잘 해낼 수 있는 사주였다. 단, 여자가 사업의 주도권을 쥐고 있어야 했다. 그렇게 해서 사업이 커지면 고만고만한 직장에서 스트레스 받아가면서 일하는 것보다 훨씬 나을 것이라고 했더니 여자는 고개를 끄덕였고, 남자도 눈을 반짝거리면서 귀 기울여 듣는 것처럼 보였다.

군뢰신생의 사주는 고집을 조금 내려놓는 하심(下心)만 된다면 사실 장점이 매우 많은 운명이다. 여기서 신하는 대인관계에서는 손아랫사람에게 해당하고, 남녀 모두 돈이나 현실적인 타협에 해당한다. 이런 현실적인 신하의 개념도 중요하지만, 무엇보다 자기 마음속에 숨어 있는 신하를 찾는 것, 그것이 성공의 관건이다.

군뢰신생, 신하의 마음과 임금의 마음

군뢰신생(君賴臣生)이란 무엇인가? 군(君)은 임금이고 뢰(賴)는 의

지한다는 뜻이니 군뢰신생이란 임금이 신하에 의지해 살아난다는 뜻이다. 앞서 모쇠자왕에서 '어미 모(母)'에 해당하는 것이 나 자신, 일간이었던 것처럼 여기서는 임금에 해당하는 군이 일간, 나 자신이다. 그렇다면 신(臣)은 무엇인가? 신은 사회적 관계에서의 아랫사람이니 음양오행의 생극제화(生剋制化)로 보았을 때 내가 극(克)하는 오행에 해당한다. 오신으로는 재성이다.

명리학에서 내가 극한다는 것은 내가 마음대로 부릴 수 있는 상대를 말하기 때문이다. 그것은 내가 마음대로 부릴 수 있는 재화(財貨)에 해당하며, 인간관계에서는 나의 지시를 받는 부하직원과 같은 아랫사람을 의미한다.

그렇다면 임금이 신하에게 의지해 살아나는, 즉 나 자신이 내가 극하는 오행의 힘에 의해 살아나는 것은 어떤 사주 구조를 말하는가? 오행의 생극제화, 운명학의 이치는 오묘하니 직선의 구조가 아니라 원형의 구조로 되어 있다. 원형으로 물고 물리며 상생하고, 원형으로 물고 물리며 상극한다. 내가 극하는 아랫사람의 오행은 어머니와 같이 나를 도와주는 오행을 제압한다.

조금 어려울 수도 있을 것이다. 나라는 임금에게 나를 돕는 어머니나 선생과 같은 오행이 있고, 내가 극하는 신하의 오행이 있을 때 신하의 오행이 선생의 오행을 제압하는 것으로 어떻게 살아남는다는 말인가?

문제는 스승의 오행이 너무 많을 때다. 나를 돕는 오행이 너무 많으면 나는 죽는다. 불에 나무를 적당히 넣으면 불이 타오르지만 큰 나무를 한 번에 집어넣으면 불은 꺼지고 만다. 이때는 큰 나무를 도끼로 잘라서 조금씩 넣어야 하니 이 도끼 역할을 하는 것이 신하의 오행이다.

군뢰신생의 구조를 가진 사람들, 나를 돕는 오행이 너무 많은 사람들은 어떠한가? 불필요한 생각이 많다. 주위 사람들을 배려하는 것이 지나치고, 어떤 문제에 대해 결정을 내리기가 너무 어렵다. 너무 많은 변수를 고려하기 때문이다. 모든 조건을 만족시키려고 하기 때문이다. 그렇기에 앞으로 나아가기 어렵다.

장기, 중기, 단기를 가리지 않고 장기적인 일에서도 가족 문제, 체면 문제, 단기적인 일에서도 직장, 가족, 환경 모든 조건을 고려하니 답이 나오지를 않는다. 생각을 끊어내지 못하고 결행을 할 수가 없다.

일도 마찬가지다. 시작을 잘하지 못한다. 생각들에 이미 지쳐서 일을 시작할 수가 없다. 일단 일을 시작하면 그 일의 문제점과 개선점이 드러나기 마련인데, 모든 것이 완비되고 구비된 다음에 일을 시작하려니 그것이 어려운 것이다. 선생의 별이 많은 사람은 무엇인가 실천하는 것을 염소가 물에 들어가는 것처럼 두려워한다. 선생의 별이 많으면 자기 자신에 대해 학대하는 계모처럼 되어 조금의 실수도 용납하지 않으려 한다.

내가 나 자신의 조그만 실수도 용납하지 않으려니 긴장을 많이 한 국가대표가 대회를 그르치는 것처럼 아무것도 할 수가 없다.

대인관계로 한정해서 볼 때 앞서 나온 배록축마가 자신을 오랫동안 돕는 사람들이 이미 많은데 그 고마움을 모르는 것이고, 군뢰신생은 자기 혼자만이 모든 것을 다 처리해온 사람이 공동체의 중요성, 상부상조의 중요성을 깨닫고 도와줄 사람을 찾는 것이다.

혹은 조언해주는 윗사람들, 스승만 너무 많은 사람이 실질적으로 행동으로 옮길 수 있는 아랫사람을 얻어 성공하는 것이다. 군대에 지휘관만 많고 싸울 병사가 없으면 전쟁에 이길 수 없다. 조언자만 많으면 배가 산으로 가는 것이다.

솔루션 9. 가벼운 마음으로 한 번에 한 걸음씩

이때 필요한 것이 나무를 잘게 자르는 신하의 오행과 같은 마음가짐이다. 이것은 어떠한 작용을 하는가?

첫째, 대인관계에서 소위 독불장군처럼 나가는 것이 아니라 여러 사람과 자주 커뮤니케이션하고 연대한다. 또한 기획 마인드만 가진 윗사람보다는 실무적인 일을 처리할 아랫사람과의 유대 관계를 강화하는 데 더욱 힘을 쓴다.

둘째, 남의 시선을 지나치게 의식하지 않는다. 동명의 베스트셀러에서 이야기하는 것처럼 '미움받을 용기'도 필요하고, 또한 실수할 용기도 필요하다. 그것이 사람들과 잘 어울릴 수 있는 첫 번째 단추다. 완벽주의자는 고립될 수밖에 없다.

따라서 창피당하는 것을 두려워하지 않는다. 다른 사람과의 협상과 타협은 적극적으로 하되 망신당할까 봐 두려워 아무것도 시작하지 못하는 것은 안 된다. 세상 밖으로 나와서 활동해야 사람들도 만날 수 있다.

셋째, 즐기는 마음가짐으로 임한다. 행하는 것을 즐긴다. 무엇이든 즐거움을 위주로 한다. 의무를 위주로 하는 것이 아니라 즐기는 것을 위주로 하니 일을 시작하기 쉽다. 행하는 것 자체를 즐기고 내가 하는 일을 즐긴다.

끝으로, 거대 담론에 매몰되는 것이 아니라 실천적으로 일을 단계별로 잘게 잘라서 진행하는 것에 능하다. 뭉뚱그려진 거대한 일은 그것 자체로 공포가 된다. 거대담론으로 이루어진 굉장한 이상(理想)은 위대하고 아름다워 보이지만 그것 자체로는 아무것도 생산하지 못한다. 한 발 한 발 한 번에 한 걸음씩 나아가야 한다.

그것은 지금 현실, 내가 디딘 바로 이 땅에서의 일과 밀접하고 친밀한 것이다. 실용적으로 잘게 잘라서 하면 덜 지치고 즐겁게 할 수 있다. 그렇게 한 걸음씩 나아가다 보면 큰일도 이룰 수 있다.

군뢰신생, 의지할 수 있는 신하가 있다는 것은 이런 장점을 지닌다. 임금의 무거운 마음의 짐과 부담을 덜고 혹은 떨쳐버리고 신하의 가볍고도 충실한 마음이 되는 것이다. 웹툰 〈미생〉에서 말한 것처럼 위대한 인물이란 '구름 위를 기어오르는 자가 아닌 두 발을 굳게 땅에 딛고서도 별을 볼 수 있는 거인'이요, 나다니엘 호손의 「큰바위 얼굴」도 그저 오늘 하루에 충실한 사람의 초상이다.

05

누구를 만나도
무너지지 않는 전략

H양은 꽤 실력 있는 일러스트레이터였다. 그림체가 조금 유아스럽기는 했지만, 그래도 어린 나이에 높은 퀄리티로 마감을 잘 지키는 일러스트레이터로 업계에서 인정받고 있었다. 20대 시절 직장에서 출퇴근하는 아웃소싱 작가로 몇 달간 같이 일했는데, 회사를 옮긴 지 얼마 되지 않은 스물아홉에 결혼했다.

키가 크고 눈이 맑은 여성이었는데, 같이 식사나 회식을 하는 자리에서 늘 내 근처에 앉아 나에게 언제 결혼할 거냐, 결혼에 대해 어떻게 생각하느냐고 물었던 기억이 있다.

오래 만난 남자친구가 있다는 소문이 있었지만, 부모님이 선을 보라고 하면 어쩔 수 없다면서 선을 보고 와서 나에게 궁합을 물어보고는 했다. 이틀 연속 궁합을 봐줄 때는 마땅찮은 느낌도 있었지만, 그녀의 사주를 보면 이해 못 할 법도 아니라 모른 척 궁합을 풀어주고는 했다.

H양의 사주는 등라계갑형 구조였다. 뭇 사람들이 보기에는 한심하게 보이거나 비난을 받을 수도 있겠지만, 얼른 튼튼한 둥지를 찾아야 하는 것이 그녀의 숙명이라는 걸 알기에 나는 수고를 마다하지 않았다. 어느 날 하우스 맥주를 사주겠다기에 따라 나간 자리에서 가져온 남자와의 궁합은 썩 괜찮았다.

"나무가 크면 그늘도 크겠죠."

평소에 고지식한 면이 있었던 H양이었지만 그 말의 의미를 단박에 알아들었다. 그리고 몇 달 후 결혼 소식이 들려왔는데, 나에게 청첩장을 주지 않은 것은 의외라고 혼자 중얼거렸던 기억이 난다.

등라계갑, 어쩌면 고목도 담쟁이를 기다린다

등라계갑(藤蘿繫甲)이란 무엇인가? 등라(藤蘿)는 등나무, 담쟁이넝쿨을 의미하고, 계(繫)는 묶는다 혹은 매다는 의미다. 갑(甲)은 십간의 갑이며, 큰 나무다.

명리학적으로는 십간 중 음간인 을이 양간인 갑을 의지해 자라는 것이다. 을이라는 나무가 자신의 시절을 만나지 못해 힘이 없고 여릴 때는 일점의 갑이라는 큰 나무가 사주에 있는 것이 큰 힘이 되고, 그것을 바탕으로 좋은 사주가 될 수 있다.

이것을 세상살이에 비유하자면, 자신의 힘이나 주관이 아직 부족한 여린 사람이 큰 힘을 가진 배우자, 동료, 형제, 친구, 세력, 가족, 환경 등을 등에 업고 성공을 거두는 것이다. 나보다 강한 사람의 힘과 도움을 얻어서 자기가 본래 가진 역량 이상의 일을 해내는 것인데, 이러한 명리학의 사자성어를 통해 강한 세력에 의지해 성공하는 운명을 알 수 있다.

등라계갑의 구성 원리를 좀 더 확장해서 살펴보면, 비단 을목이 갑목을 의지하는 것뿐만 아니라 음간이 양간을 의지해 안정을 얻고 성공하는 원리를 체득할 수 있다. 인간의 삶도 마찬가지다. 자신의 주관과 집념에 의해 반드시 자기 자신의 힘으로만 평안, 재화, 성공을 얻는 것은 아니다. 때로는 나보다 강한 힘에 의탁하는 것도 삶을 살아가는 데 긴요한 방편이 될 수 있다.

그렇다면 약한 자는 어떻게 강한 자의 힘을 등에 업고 성취하는가? 어떻게 강한 자의 세력을 이용하는가? 그것은 음간의 미덕을 갖췄을 때다.

때로는 왕의 운명을 가진 사람도 이러한 음간의 이치를 따라야 할 때가 있다. 삼국시대 촉한의 황제가 된 유비도 자신의 힘이 아직 성숙하지 못했을 때는 자신의 의형제들과 식솔들을 데리고 때로는 조조에게 의탁하고, 때로는 유표에게 의탁하면서 생명을 부지했고, 오나라의 세력을 이용해 적벽대전에서 조조군을 격파하고 촉나라를 세울 수 있었다.

수천 년의 역사를 넘어 지금까지도 일세의 영웅으로 현대인들에게 회자되고 있는 관우와 제갈공명은 이러한 유비에 의지해 자신의 이름을 천추(千秋)에 남길 수 있었다. 영웅호걸도 자신의 힘이 약할 때는 이렇게 누군가의 세력에 의지하거나 다른 사람의 힘을 빌려야 하는 시기가 있으니 그것은 부끄러워할 일이 아니다.

사실 음간의 미덕이라는 것이 단순하지만 그것을 자신의 것으로 숙달시키는 것, 그리고 시의적절하게 그것을 활용하는 것은 매우 어렵다. 양의 길만을 아는 사람들은 이러한 이치에 대해 코웃음을 칠지 모르지만, 가볍고 단순해 보이면서도 실질적으로 응용하기에는 매우 세련된 기술이 필요한 것이 이러한 음간이 양간을 의지하고 활용하는 등라계갑의 기술이다.

솔루션 10. 나무가 크면 그늘도 큰 법이다

그러면 등라계갑의 기술에 대해 몇 가지만 생각해보자.

음간인 을목은 등나무처럼 잘 휘어진다. 직선이라기보다는 곡선이다. 그래서 유연하다. 이것은 음간의 가장 큰 장점이다. 그렇기에 높은 담도 담쟁이넝쿨이 되어 넘을 수가 있다.

자신이 아직 많은 것을 배워야 하는 어린 시절 혹은 약자의 시기에는 이렇게 유연하고 겸허하게 하나라도 배워야 한다. 어설픈 지식과 깜냥으로 사사건건 맞부딪치면 가족이나 스승조차 설명할 수 없는 지혜를 일일이 설명하고 대응하기도 어렵거니와 가르쳐주고 돕고 싶은 마음도 생기지 않는다.

물론 이 말은 지금 힘을 가지고 있는 강자가 항상 옳다는 것은 아니다. 나이를 떠나 실용적인 차원에서 약자의 전략적 태도가 어떠해야 하는가를 말하는 것이다. 아이비리그(Ivy League, 하버드대학을 비롯한 미국 북동부에 있는 명문 사립대학)의 아이비는 담쟁이넝쿨을 말한다. 인생의 높은 담을 넘기 위해서는 이러한 아이비의 전략이 필요하다.

음은 의사소통 능력이 뛰어나다. 양간은 직선이고, 음간은 원이다. 원은 전반적인 상황을 살핀다는 말이다. 양이 속도를 중시하고 직선이기 때문에 자기 자신에게만 취해 있다면, 음은 느리더라도 천천히 걸으며 상대방의 입장을 이해하기 위해 경청한다. 그렇기에 의사소통 능력이 뛰어나다. 약자의 전략은 이렇게 환경과 상대의 힘과 의사를 충분히 고려하는 것이다.

조금 천천히 걷더라도 중요한 과정을 생략해서는 안 된다. 단련된 음은 상황에 맞는 시의적절한 행동을 취할 수 있다. 쓸데없는 고집만을 성급히 내세워 자신의 입지를 스스로 좁히고 점차 궁지로 몰아가는 어리석음을 범하지 않는 것이다. 군자는 우보호시(牛步虎視)라는 말도 있다. 범처럼 날카로운 눈으로 보고, 소처럼 천천히 걷는다는 것이다.

최고에 오른 사람들은 양과 음의 지혜를 모두 알고 있다. 가장 강한 강자처럼 보이는 마피아의 대부도 역시 이러한 전략을 안다. 영화 〈대부〉를 보면, (정확한 대사는 기억나지 않지만) 상대방이 무엇을 원하는가를 아는 것부터 모든 일이 시작된다는 대사가 나온다. 세력의 강약과 형국·향배를 살피고, 내가 원하는 것보다 상대방이 원하는 것에 먼저 집중한다. 내가 무엇을 하고 싶다는 것도 중요하지만 그것보다 더 우선하는 것은 상대방과 세상이 나에게 무엇을 원하는가이다. 강력한 힘이나 재화를 갖고자 하는 이는 여기에서부터 출발해야 한다.

가슴 뛰는 일을 하라는 시중 자기계발서들의 조언은 그 글을 읽는 동안만 가슴이 뛰는 것이다. 자신에 대한 객관적인 평가가 없다면 현실에서 그것이 얼마나 허황한 이야기인가를 깨닫기까지 치러야 할 대가는 결코 적지 않다. 물론 그러한 양의 가치를 전면 부정하는 것은 아니다. 하나만 알고 둘을 몰라서는 안 된다는 이야기이며, 모든 일에는 순서가 있다는 말이다.

음의 장점과 전략을 말하자면 끝이 없을 것이니, 명나라의 개국 공신으로 명나라 초대황제에게서 장량과 제갈량 같은 인물로 추대받았던 유백온이 집필한 명리학 고전 『적천수』의 지혜로 마지막을 갈음하고자 한다.

『적천수』의 십간론에 나타난 음간과 양간의 가장 큰 차이를 이야기하자면, 양간은 길흉이 분명한 반면 음간은 길흉의 기복이 그다지 심하지 않다. 벽을 만난 것 같은 절망의 시기에 부러지지 않고 유연하게 잘 넘길 수 있다는 것인데, 그것은 음간이 세력을 잘 활용할 줄 아는 지혜를 가졌기 때문이다. 짧고 굵게 사는 시대가 저물고 있다. 안정적인 삶을 영위하면서 멀리 가기 위해서는 음의 가치를 충분히 알고 자신의 것으로 체화할 필요가 있다. 운명학 성어인 등라계갑이 우리에게 알려주고자 하는 지혜는 바로 이러한 음간의 전략과 가치다.

4장

재물과 이익

甲
癸　　　　乙
壬　　　子丑　　　丙
　　亥　寅
戊　　　　　卯
　酉　　　　辰
辛　　運命　　丁
　　申　　巳
　　　未午
庚　　　　戊
己

01

재물을 구하다
교도소 담벼락 위를 걷는 사람들

.

한 커플이 찾아온 일이 있었다. 남자 B는 키가 큰 편에 단정한 머리 모양이었지만 공휴일이라 그런지 야구 점퍼 차림이었고, 여성 Y는 중키보다 약간 작았는데 다소 진한 화장을 하고 있었지만 무채색 옷을 입고 있었다. 두 사람은 크리스마스 며칠 전에 만나 새해 신수를 보러 왔는데 성격 차이 때문에 자주 싸운다고 했다.

남자의 사주를 간단히 풀고 나서 여자의 사주를 보니 상당히 팔자가 센 사주였다. 그리고 여자의 눈빛을 보니 왠지 서늘한 느낌이 느껴지기도 했다. 1년 신수를 봐주고 나서 여자가 화장실을 갔을 때 남자에게는 조만간에 따로 한 번 더 오라고 했다.

남자 B가 재방문했을 때 차마 Y가 있을 때 하지 못했던 이야기를 해주었다.

"이 여성은 살중탐재의 사주요. 성격이 문제가 아니라 돈이 핵심입니다. 지금 운의 흐름을 보건대 돈을 목적으로 당신에게 접근했을 가능성이 큽니다."

그러고 보니 이상한 점이 있다면서 그동안 있었던 이야기를 해주는데, 애정의 콩깍지를 벗기고 들어보면 상당히 문제가 많았다. 여성이 회사에서 돈을 횡령하다가 쫓겨난 것을 자기변명으로 둘러댔던 사연도 있었다.

이같이 이성에게 속기 쉬운 사주는 헤어지는 것이 좋겠다는 말을 해도 계속 교제를 이어가다 호되게 당하고 난 뒤에야 다시 나를 찾는 경우가 많았다. 극단적으로 말해 같이 철창신세를 지고 싶지 않다면 빨리 헤어지는 것이 좋겠다고 하자 남자는 한숨을 푹 내쉬면서 돌아갔는데, 그 뒤로는 연락이 없었다.

살중탐재, 위험을 두려워하지 않는 사람들

살중탐재(殺重貪財)는 사주에 칠살이라는 별이 강한데, 재물을 탐한다는 말이다. 칠살은 나를 극하는 오행 중에서도 음양이 같은 것으로 아주 강력하게 제극(制剋, 제압하고 공격함)하는 것이다.

이러한 칠살은 남녀 공히 좋게는 큰 권력이나 직장이고, 나쁘게는 큰 사건·사고가 되며, 여성에게는 여러 남자를 의미한다.

칠살이 중하면서 일간의 힘이 튼튼한, 신강한 구조의 사주를 가진 사람들은 본래 권력적인 성향이 강해 사회적으로 성공하는 경우가 많다. 대기업에 들어 가기도 하고, 정치인이 된다거나 고위 공직자 등 권력자의 위치에 오를 수도 있다.

이렇게 살왕신강(殺旺身强)한 사람들은 좋은 면으로 보면 위험을 감수하고 전투에 참여해서 공을 세우는 기질을 가진 이들이다. 그들은 책임감이 강하고 전투에 임할 때 두려워하지 않는다. 남들보다 부지런하고 많은 일을 해내며 자기가 내뱉은 말은 지키려고 하는 사람들이다. 그래서 카리스마가 있고 자연스럽게 큰 권력을 가진다.

그런데 간혹 이러한 사람들이 권력을 가진 상태에서 재물을 탐하는 경우가 있다. 권력을 이용해 재물을 탐하는 것이다. 우리나라 정치사에서도 권력을 가진 정치인이나 공직자가 재물을 탐해서 망신하거나 물의를 일으키고, 오랫동안 법정과 교도소를 들락거리는 경우를 종종 볼 수 있다.

권력으로 이미 많은 재물을 확보했는데 더 큰 재물을 얻느라 감금당하거나 생명의 위기까지 겪는다. 여성의 경우 여러 남자를 이용해서 재물을 얻으려다 스스로 험지를 자초한다는 의미를 갖고 있다.

솔루션 11. 맹수를 다루는 방법

운명학의 구조에서 권력자가 재물을 탐하는 것은 이미 무거운 칠살을 더욱 무겁게 만든다. 즉 나를 극하는 기운을 더 강하게 만드는 것이다.

무거운 칠살이라는 것은 큰 권력, 무력, 많은 남자, 강한 남자, 위험한 업무, 높은 지위나 큰 권한 등을 말한다.

칠살이 내가 감당할 수 없는 수준으로 강해지면 큰 화를 부른다. 칠살은 나를 직접적으로 극하는 것이니 작게는 관재구설로 감금되는 것 등을 의미한다. 크게는 재물로 인한 스캔들로 다치거나 목숨이 위험해지는 지경에 이른다.

명리학 고전에는 살중용인(殺重用印)이라는 칠살을 다루는 가장 기본적인 방법이 있다. 살이 중할 경우 인성이라는 별을 써야 한다는 것이다. 인성은 사람의 바탕이니 사람이 지켜야 할 근본으로 돌아가는 것이다.

칠살은 맹수와 같은 것이니 그 맹수를 다루는 방법은 인성, 즉 인간적인 도리와 예의를 따라야 한다는 것이다. 언제나 폭력과 같은 법적인 제재가 나를 침노할 준비를 하고 있다면 이때 나를 지키는 방법은 도리를 따르라는 것이다. 그렇게 하면 권력과 명예를 모두 얻게 될 것이다.

권력자를 두고 교도소 담벼락 위를 걷는 사람들이라는 표현을 쓰기도 한다. 강한 권력에는 강한 책임이 따른다는 말도 있다. 신왕살왕의 구성을 가진, 살이 중한 사람들은 이미 그가 가진 지위, 명예, 권력, 신뢰성으로 충분한 재물을 얻을 수 있다. 시간이 흐를수록 점점 더 자연스럽게 재물이 자신에게 붙는 구조이니 재물에 집착하고 연연하는 것은 스스로 화를 초래하는 길이다. 칠살이 중한 사람들은 한 사회의 지도자나 권력자가 될 수 있는 좋은 자질을 가진 이들이다. 혹 재물을 탐하는 마음이 생긴다면 살중탐재를 살중용인으로 바꾸는 지혜가 필요하다.

02

재물로 권력을 탐하는 사람들

벌써 10여 년 전의 일이다. 한국에서 최고의 명문대를 졸업하고 미국에서 유학하고 엘리트 코스만 밟다 외국의 유망 스타트업에 근무하는 30대 초반의 M씨는 한때 한국의 뉴스 기사에도 얼굴을 비쳤던 유능한 인물이었다. 그가 외국에서 내게 전화를 걸었을 때 목소리에는 힘이 많이 빠져 있었다. 그는 회사에 이미 사직원을 내놓은 상태였고, 자식은 없었지만 이미 결혼까지 한 상태에서 앞으로의 진로를 고민하고 있었다.

그가 갑자기 회사를 그만두게 된 이유는 직장 상사와의 갈등 때문이었다. 동양인을 싫어했던 팀장은 그를 사사건건 괴롭혔고, 결국은 승진에서 그를 누락시켰다. 참지 못한 M씨는 내부고발자로 그의 소소한 비리와 부당함을 폭로했지만, 회사에선 종내에는 그 상사의 손을 들어주었다. 권력 싸움에서 완전히 밀린 것이다. 그는 그 충격으로 한때 극단적인 선택까지 생각했고 정신과를 다닌다고 했다.

그의 사주를 보니 재중탐관의 사주인데 다시 관살운에 들어와 있었다. 나에게는 동양인이기 때문이라고 이야기했지만 매우 권력 지향적인 그의 특성이 상사의 미움을 샀을 가능성이 컸다. 다행히 앞으로 수년 후 새로운 대운이 들어오면 완전히 다른 분야에서 성공할 가능성이 컸다.

"전문직 분야나 무역 쪽은 생각한 길이 없습니까?"

K씨는 안 그래도 자신이 좋아하는 명품 브랜드가 있는데 그걸 한국에 들여오는 수출입 업종을 선택지로 하나 생각하고 있다고 했다. 앞으로 대운이 바뀌면 K씨는 자신만의 전문 분야에서 자기 사업으로 성공할 수 있는 사주였으니 그 분야로 상담을 더 해주었다. 자신이 좋아하는 일로 성공할 수 있다고 하니 그 역시 흡족해했다. 하지만 그보다 중요한 것은 자신 안에 있는 살기를 누그러뜨리는 일이었으니 독서, 철학 공부, 명상 등에 대해서도 많은 조언을 덧붙였다. 욕심이 살기가 되어 자신을 해치는 것, 많은 유능한 사람들이 자신도 모르게 그 상태에 빠져들고 인생을 망치게 된다.

재중탐관, 재물과 권력의 이중주

재중탐관(財重貪官)이란 사주에 재성이라는 별이 강한데 관(官),

즉 권력을 탐한다는 말이다. 재성이 이미 아주 무거운 상태라면 여기서 다시 권력을 가지려고 하면 안 된다. 재(財)가 무거우면서 일간이 약하지 않은, 신강한 구조의 사주를 가진 사람들은 사업가로 성공하거나 직장인으로서도 큰 재물을 벌어들인다.

재성이 무거워 재왕신강한 사람들은 매우 성실하다. 그리고 재리에 능하다. 과거 대우그룹 김우중 회장이 『세계는 넓고 할 일은 많다』라는 책에서 젊은 시절 자신은 어디를 가나 모두 사업거리, 돈 벌 거리로 보인다고 했다. 현실적인 감각이나 금융 감각이 뛰어나고 재능이 많으며, 부지런한 사람들이다. 그렇기에 이들은 자연스럽게 탁월한 사업가가 되거나 대기업에서 많은 연봉을 받는 직장인이 될 수 있다.

그런데 간혹 이들이 자신이 가진 것을 넘어 권력까지 지향하게 되는 경우가 있다. 과거 정주영 회장이 대선 후보로 등장했을 때 김영삼 대통령이 재물과 권력 둘 다를 가지려고 해서는 안 된다고 말한 적이 있다. 두 사람이 한국 현대사에 기여한 여러 가지 경제적·정치적 평가는 차치하고도 이 말은 의미 있는 메시지다. 사업가로 크게 성공한 사람이 권력까지 얻으려고 하면 큰 화를 입기 쉽다. 설사 권력을 얻었다고 하더라도 자신에게 걸맞지 않은 무거운 옷을 입은 격으로 매사 좌충우돌하면서 패가망신하거나 사람을 짓누르는 지독한 욕망으로 결국 자신의 삶을 파괴하기 쉽다.

고대 중국 전국시대에 모략가이자 장수로 활약했던 오기(吳起)라는 사람은 젊어서부터 출세에 대한 욕망이 지나칠 정도로 강했다.

어렸을 적에는 동네 건달처럼 지내다 청년이 되자 재물로 벼슬을 사려고 힘 있는 사람들에게 가진 돈을 모두 탕진했으나 결국 뜻을 이루지 못했다. 그러자 평소 오기를 좋아하지 않았던 동네 친구들과 마을 사람들이 그를 비웃었다. 오기는 여기에 격분해 하룻밤에 마을 사람들을 서른 명이나 죽이고 고향에서 야반도주한다.

오기는 신분을 숨기고 증자(曾子, 공자의 제자로 동양 5성(聖)의 한 사람)의 제자로 들어가지만, 어머니가 돌아가셔도 오직 출세만을 위해 귀국하지 않는 불효막심한 모습으로 쫓겨난다. 후일 초나라의 장수로 명성을 떨치지만 비정한 성품으로 궐내에 오기를 좋아하는 사람이 한 명도 없었다고 한다. 정변이 일어났을 때 귀족들은 제일 먼저 오기를 죽이기 위해 혈안이 되었고, 수많은 화살을 맞고 목숨을 잃는다. 증자의 도리를 완전히 벗어난 오기의 오직 성공만을 바라는 지독한 욕망이 결국 자신을 죽인 것이다.

솔루션 12. 재물이 고개를 넘으면 재앙이 된다

재물의 별이 강하면 이미 자신의 기운은 많이 약해져 있는 상태다. 이러한 상황에서 다시 탐관을 하면 권력으로 인해 화를 입기 쉽다. 사업가들이 권력자와 결탁해 재물을 이용해서 권력을 얻으려다 망신하게 되는 경우도 비일비재하니 우리 주위에서 자주 볼 수 있는 일이다.

한국 명리학계의 최고봉으로 앞서 언급한 트로이카 중 한 분이 셨던 도계 박재완 선생이 말했던 재(財)가 재(岾)를 넘으면 재(災)가 된다는 것이 바로 그것이다. 첫 번째 재는 재물이요, 두 번째 재는 고개라는 말이며, 세 번째 재는 재앙이란 말이다.

재가 중한 사람들의 삶의 태도는 어떠해야 하는가? 재중용비(財 重用比)라고 했으니 재가 중한 사람은 온전히 자신의 실력을 키워나 가는 데 집중해야 한다. 방향을 잘 찾아야 하므로 권력을 탐해 패 가망신하는 우를 범하지 말고, 한 우물을 더 깊게 파야 한다는 것 이다. 자신의 전문 분야에서 더 높은 가치를 생산해서 세상을 이롭 게 할 생각을 하면 재물도 지키고 보람 있는 삶도 살 수 있다.

03

재물과 지위를
모두 가지는 사람들

중학교 동문인 K군은 지방대 출신으로 서울로 취업을 해서 상경했다. 20대 초반 같이 자전거를 타고 지방 일대를 함께 여행한 추억도 있었기에 녀석을 서울에서 다시 만났을 때 매우 반가웠다.

서울에서 함께 직장생활을 하면서 몇 달간 같은 자취방에서 생활했던 적도 있다. 녀석은 한때 내게 사주 공부를 해보겠다고 달려든 적도 있었지만 이내 흥미를 잃고 준비 중이던 토익 공부에 몰두했다. 어떻게 지방대 출신으로 서울의 안정된 직장에서 인정받으면서 회사생활을 할까? 생각해보면 대학에 다닐 때도 남들처럼 무의미하게 생활하지 않고 충실하게 동호회 활동을 하면서 컴퓨터 실력을 쌓은 것이 주효했다. 학벌은 뛰어나지 않아도 충실한 커리어가 구직 활동에 큰 디딤돌 역할을 해준 것이다.

30대 때도 녀석은 술 마시고 노는 것을 좋아하기는 했지만 일에 관해서만큼은 철저했다. 나는 그가 한 번도 회사에 지각하는 것을 본 일이 없다. 심지어 실연하고 새벽까지 같이 자취방에서 술을 마셨을 때 오히려 그다음 날 아침은 30분 더 일찍 출근했던 것으로 기억한다.

그는 재관쌍미의 사주였다. 위기에 처하면 오히려 더 돈을 벌려고 달려들고, 일로 스트레스를 푸는 것이 그의 특징이었다. 사주팔자의 다른 요소도 뒷받침이 되어주어 그의 사주는 재관쌍미의 장점을 잘 살려내고 있었다. 지금은 만난 지 오래되었지만, 그가 2010년대 초반 대기업으로 직장을 옮겼다는 소식을 듣고 충분히 그럴 만한 자질이 있는 녀석이라는 것을 다시금 되새기게 되었다.

재관쌍미, 2개의 별을 한 번에 품다

재관쌍미(財官雙美)의 사주는 무엇인가? 재관쌍미는 말 그대로 재(財, 재물)와 관(官, 관직)이 둘 다 아름답다는 것이다. 드물게 재물과 권력을 모두 갖는 사람들이 있다. 이러한 사람들은 어떠한 운명을 가진 것일까?

대체로 사주가 운이 아주 좋은 경우 일시적으로 엄청난 재물과 지고(至高)의 권력을 모두 갖는 때가 있다. 하지만 대체로 이러한 큰 부와 권력을 장기적으로 모두 유지하기는 어렵다. 특히 현대사회에서는 더욱 그렇다.

여기서 재관쌍미는 최고의 권력과 최대의 부라기보다는 일정 이상 상류층의 부와 권력을 모두 가지는 사람들에 대한 이야기다. 그런 면에서 재관쌍미는 앞서 이야기했던 (권력으로 힘이 집중된) 살중탐재나 (재물 쪽으로 힘이 집중된) 재중탐관과는 다르다. 재물과 권력이 적당히 균형을 이룬 것이니 어떻게 보면 세속적인 관점에서 가장 부러운 운명이라고 할 수 있을 것이다.

재관쌍미는 본래 사주 구조에 대한 이야기보다는 일주(日柱, 생일의 간지)에 관한 이야기다. 원리를 설명하려면 복잡한데, 재관쌍미 일주는 재물의 별 안에 관직의 별을 함께 내포하고 있는 독특한 구조를 갖고 있다. 가장 기본적으로 임오일주와 계사일주가 여기에 해당하며, 확장해서 보면 갑술·을사·병신·정해·무진·기해·경인·신미 일주도 재관쌍미의 기질을 갖고 있다.

재물의 별과 관직의 별을 중시하는 명리학에서 이 두 별을 일주 자체로 이미 갖고 있으니 남들보다 좋은 출발점을 가진 셈이고, 재관쌍미가 되는 것이다. 비록 일주가 재관쌍미로 이뤄지지 않았다고 하더라도 일간이 어느 정도 힘이 있으면서 재관을 지나치지 않게 적절히 둘 다 가지고 있으면 재관쌍미의 사주 구조가 된다. 또한 위에 언급한 일주라고 해도 사주의 다른 간지에서 재관이 지나치게 없거나 망가져 있으면 재관쌍미가 되기 어렵다. 어쨌든 우리에게 필요한 것은 재관쌍미의 마음을 들여다보고 필요한 것을 취하는 일이다.

솔루션 13. 바람을 마시고 이슬 위에 잠들다

재관쌍미의 사주 구조를 가진 사람들은 어떤 특별함을 가지고 있는가? 이론을 넘어 소위 경험을 통해 살펴보면 이들의 공통점은 역시 성실함에 있다. 젊은 시절에는 성공을 위해 공장 바닥에 자는 것과 같은 풍찬노숙(風餐露宿, 바람을 먹고 이슬 위에 잠들다)도 두려워하지 않고, 아무리 몸이 힘들어도 일을 거르지 않았다.

윗사람에게 잘하고, 성실함으로 승부하며, 한 번 직장을 정하면 뒤에서는 불평불만을 토로하더라도 장기적으로 직장생활을 했다. 그러니 자연스럽게 직위가 올라가고 연봉도 높아졌다.

자기 사업이나 공직이라고 해도 마찬가지다. 끝없이 돈이 되는 쪽을 찾아가니 잠자는 시간과 휴식 시간을 줄여가면서 더 나은 상품과 서비스를 개발하기 위해 분주하며, 여기에 책임감까지 더해지니 고객이나 고용인, 공직의 상사, 고객들에게 신뢰를 준다. 물론 때로는 재물을 벌어들이거나 더 높은 위치에 올라가는 것 자체에만 혈안이 되어 있는 것이 주위 사람들에게 불편한 느낌을 주기도 하지만, 대체로 큰 리스크 없이 안정적으로 생활을 유지하면서 점차 축적하고 상승하는 인생을 산다.

한 번 목표를 정하면 좌고우면(左顧右眄), 좌우를 돌아보지 않고 마치 군인처럼 합리성과 효율성을 바탕으로 집중해서 다른 소소한 것들은 냉철하게 희생하면서 꿋꿋이 앞으로 나아가니 현실적인 성취가 매우 높다. 그리고 어쩌면 지극히 현실적인 풍요로움과 평안과 여유는 이런 사람들에게 우선적으로 주어지는 게 아닌가 싶기도 하다.

다만 이러한 재관쌍미에도 단점은 있으니 지나치게 현실적이라는 것이다. 또한 이들은 정신적인 사람들에 대해 이해를 제대로 못하는 경우가 많다. 실용적인 게 아닌 것에 대해서는 모두 코웃음을 치거나, 심지어 혐오하는 경향까지 보인다. 잠깐 관심을 가지더라도 그것 역시 실용적인 이유에서였다. 그것은 아마 뒤처지거나 불안정해지지 않을까 하는 본능적인 두려움의 발로일 수 있을 것이다. 이러한 성향은 목표까지 가는 과정에서 타인은 물론 자신에게도 깊은 상처를 남길 수 있다. 물론 그런 경향이 있다는 것이지, 모두 그렇다는 말은 아니다.

재관쌍미의 일주(물론 일주만으로는 부족하다), 재관이 적절하게 배합된 사주 구조를 가진 이들은 장점이 많은 사람들이고, 현실적인 인생을 사는 데 누구에게나 귀감이 될 만한 사람들이다. 하지만 이들에게 굳이 조언을 하자면 재관쌍미는 기본적으로 자기중심이 약해지기 쉬운 경향이 있다. 그것은 치열한 경쟁에서 빠져나오지 못하는 휴식 없는 인생, 일상적인 불안으로 나타날 수 있으니 여기에 대한 대비책을 세워야 한다. 또한 단기적 명리(名利, 명예와 이익)에만 집착하다 보니 장기적인 관점에서 그릇된 판단과 실수를 하게 만들기도 한다.

한편 자신만의 강렬한 도전이 부족하고, 남들과 템포를 맞춰서 살기만 한 인생은 만년에 자기 인생은 무엇이었나 하는 회한을 남길 수 있다. 그럼에도 이러한 조언은 사족이 되기 쉬우니 현실을 살아가는 데 가장 필요한 재관이라는 인생의 기본만 갖춘다는 것도 쉬운 일이 아니기 때문이다.

04

재물의 목적은 무엇인가?

2000년대 초반에 찾아왔던 J씨는 의류 도매 업체 사장이었다. 웹사이트를 만드는 IT 업체를 운영하는 P의 소개로 찾아왔는데, 앞으로 쇼핑몰도 크게 만들고 사업을 확장하려는데 잘될지 물었다.

그의 사주를 보니 칼로 나무를 잘라낸 것 같은 사주였다.

"농부는 굶어 죽어도 씨종자는 먹지 않는다는 말도 있지 않습니까? 탐재괴인의 사주이니 지금 당장 눈앞의 돈 때문에 사람들에게 실수하시면 안 됩니다."

그때부터 무엇인가 대화가 어긋나는 느낌이었다. 뭔 뚱딴지같은 소리냐는 표정이었다. 산에 나무를 적당히 벌목하면 다음을 기약할 수 있지만 다 잘라서 민둥산이 되어버리면 미래가 사라지는 것이다.

앞으로 큰 도끼의 운이 오니 당장은 사업이 커져도 사람과의 불화로 인해 사업이 꺾일 수 있었다. 덧붙여 자중하고 견실하게 사업을 키우시라고 했으나, J는 듣는 척 마는 척 훌훌 털고 일어나 버렸다.

그렇게 잊고 지내다 몇 달 뒤 갑자기 그때 상담이 생각나 P사장에게 전화를 걸었다.

"그 쇼핑몰 혹시 거기서 만들어요?"

우려했던 일은 이미 벌어져 있었다. 계약금과 중도금까지는 어떻게 받았으나 결국 잔금은 제대로 받지 못했다는 것이다. 서버 컴퓨터까지 이미 다 넘긴 상황이라 어떻게 손쓸 도리가 없었다. P는 "어디 잘되나 보자" 하면서 이를 갈았다고 한다. 원망하고 저주하는 사람이 많으면 결국 화가 미치는 법이다. 경전에도 덕을 베푸는 자는 남은 경사가 있고, 악을 베푸는 자는 남은 화가 있다고 하지 않았던가? 탐재괴인은 우리에게 이러한 교훈을 되새겨준다.

탐재괴인, 재물의 속성과 가난

탐재괴인(貪財壞印)은 운명학을 초급만 넘어서도 많이 들어볼 수 있는 보편적인 운명학 사자성어다. 재물을 탐해 인성을 괴멸시킨다는 뜻이니 인성은 본래 도장이라는 뜻이나 여기서는 사람을 뜻한다. 사주에 인성이라는 별과 재성이라는 별은 상극 관계에 있는데,

재성이 인성을 극한다. 즉 오행으로 인성이 나무에 해당하면 재성은 도끼에, 인성이 불에 해당하면 재성은 물에 해당하는 것이다. 운명학의 이러한 논리 구조는 우리에게 재물과 인덕을 모두 얻는 것이 얼마나 어려운가를 말해준다.

사람이 살아가면서 서로 다른 두 가지를 모두 얻는 것은 상당히 어려운 일이다. 그 두 가지를 모두 얻는 방법도 없지는 않지만 그렇게 되기까지는 비범한 노력과 인격 수양이 필요할 것이다.

재물과 인덕도 그러한 것이다. 재물을 추구하는 사람으로서 인덕을 베풀면서 진정한 사람의 존경을 얻는 것은 어렵고, 인덕을 추구하는 사람으로서 재물을 얻는 것도 쉬운 일이 아니다. 범인(凡人)들은 자주 두 가지 선택지 사이에서 갈등하는 상황을 맞이한다.

우리가 시장을 갔을 때, 식당이나 옷가게를 들렀을 때 등등 돈이 거래되는 상황, 특정한 서비스를 이용하는 상황에서 물건을 처음 팔려고 할 때는 간이든 쓸개든 다 내줄 것처럼 하다 돈을 치르고 나거나 물건을 사지 않고 돌아섰을 때 차갑게 변모하는 상인의 얼굴을 마주치는 경우를 일상적으로 겪는다. 상인이 모두 그렇다는 것이 아니다. 상업이라는 특성, 재물이라는 것이 가지고 있는 기본적인 속성이 그렇다는 것이다.

또한 우리는 사람은 참 좋은데, 법 없이도 살 인격자인데 요령이 부족하고 고지식해서 노력에 비해 재물을 벌어들이지 못하거나, 주위에 아낌없이 베풀어서 가난을 면치 못하는 사람들도 종종 만나곤 한다. 이것은 인덕이라는 속성이 이익을 추구하는 것과 상반되기 때문이다.

솔루션 14. 인생의 최종적인 목적을 잃지 않는다

둘을 다 얻을 정도의 탁월함이 없다면 우리는 그 사이에서 늘 균형을 추구해야 한다. 운명학의 핵심이 중용에 있다는 것은 지속적으로 강조해온 바다.

탐재괴인은 재물에 대한 과도한 집착으로 사람을 잃는 것이다. 이러한 사례는 우리 주변에서도 늘 볼 수 있다. 역사적으로 가장 극명한 사례를 살펴보면 범려(範蠡)라는 인물이 있는데, 그는 춘추시대 말기 월(越)나라의 정치가로 20년간 월나라를 부흥시켜 원수의 나라인 오(吳)나라를 멸망시켰다. 그는 다시 제나라의 재상이 되었지만 이내 자리를 버리고 도(陶)라는 곳으로 가서 도주공이라 자칭하고 상업에 종사해 엄청난 거부가 되었다.

둘째 아들이 사람을 죽여 감옥에 갇혔을 때 천금의 부잣집 자식은 저잣거리에서 죽지 않는다며 큰아들에게 초나라의 장 선생을 만나 순금 1000일(鎰, 1일은 스무 냥)과 편지를 전하라고 했다. 큰아들은 장 선생에게 천금을 전했으나, 그곳에서 여러 사람과 교제하다 곧 초왕의 대사면이 있을 것이라는 말을 듣고 천금이 아까워 장 선생의 집으로 가서 순금을 다시 가져와 버렸다. 장 선생은 이에 원한을 품고 초왕을 찾아가 대노(大怒)하게 만들었고 초왕은 범려의 둘째 아들을 죽여버렸다.

재물을 탐해 지인의 마음을 잃고 결국 아무리 많은 돈으로도 살수 없는 가족까지 잃은 것이다.

한편 운명학에서 인성이라는 별은 도리와 인덕, 사람을 의미하기도 하면서 생활의 안정을 뜻하기도 한다. 즉 탐재괴인은 재물을 탐해 안정을 잃는다는 의미로도 해석할 수 있다.

우리는 재물을 활용해서 진정으로 얻고자 하는 목적이 무엇인가를 되새겨보아야 한다. 재물 자체가 인생의 목적이고 죽을 때 싸짊어지고 가겠다는 사람이 아니라면 말이다.

『장자(莊子)』「열어구(列禦寇)」편에 이런 이야기가 있다.

한 왕이 사자를 보내 큰 직위와 봉록을 주며 장자를 초빙하려고 했다. 그때 장자가 말했다.

"당신은 제사 의식에 쓰이는 소를 본 일이 있는가? 아름다운 비단옷을 두르고 값비싼 풀과 콩을 먹는다. 하지만 태묘에 제수용으로 끌려 들어갈 때는 자유로운 송아지처럼 되고자 하나 그렇게 될수가 없다."

호의호식을 탐내 평안하고 자유로운 삶을 잃는 어리석음을 범하지 않겠다는 뜻이다. 재물을 구하고자 하는 목적이 무엇인가? 재물을 통해 최종적으로 얻고자 하는 것은 무엇인가? 매스미디어의 혼란스러운 유혹들에 맞서 우리는 정확한 질문을 자신에게 던질수 있어야 한다.

재물을 구하는 것은 비난받을 일이 아니다. 정당한 노력으로 일

군 부는 칭송받아야 한다. 다만 수단에만 매몰되어 삶의 본질적인 가치를 저버리는 어리석음은 범하지 말라는 것이 운명학이 탐재괴 인을 통해 우리에게 알려주는 바다.

큰 재물을 벌면서도
존경받는 운명은 어떠한가?

사업하는 분들도 자주 사주를 보는데, 9년 전쯤 한 대기업 사장님의 사주를 본 일이 있다. 그는 곧 퇴직을 앞두고 창업을 준비하고 있었는데, 재물욕이 많아서 욕먹을 만한 행동을 하는 사업가들도 많지만 그분의 태도는 배울 만한 점이 꽤 있었다.

그분은 명문대 출신이기도 했지만 늘 손에서 책을 놓지 않았다. 말하자면 취미가 공부인 사람이었다. 당시에도 자신이 저술한 책을 내려고 나에게 원고를 보여주었는데, 인화에 관한 내용이었다. 늘 공부하는 태도, 사람을 중시하는 덕목을 가진 그였기에 사주를 굳이 들여다보지 않아도 그의 앞날을 점칠 수 있었다.

그는 재인불애의 사주였다. 아, 역시 그렇군. 서로 조화하기 힘든 두 가지를 조화해내는 능력, 그 능력은 사람을 비범한 성공으로 이

끈다.

"재인불애의 사주네요. 앞으로의 대운에서 인이 더 강해지니 사장님의 책 제목처럼 사람들의 협조를 이끌어내는 데 주력하시면 새로 시작하는 사업도 승승장구하실 수 있습니다."

자신이 읽은 책 중 하나를 선물하고 돌아가는 그의 미소에는 인생의 깊이가 느껴지는 주름을 볼 수 있었다.

재인불애의 사주는 큰 사업가뿐만 아니라 큰 학자, 심지어 정치인 중에서도 발견할 수 있다. 다만 그러한 학자나 정치인들은 경제 문제, 현실적인 문제에 더욱 천착하는 성향이 있다. 사업이든 인생이든 서로 다른 세력, 서로 다른 사람, 서로 다른 덕목을 조화시킬 때 누구나가 쉬어 갈 수 있는 거목(巨木)이 될 수 있다. 물론 이것은 말처럼 쉬운 일이 아니다.

재인불애, 존경받을 만한 부자는 있다

재인불애(財印不碍)의 재는 재성(財星)으로 재물의 별, 인은 인성(印星)으로 인성(人性)과 학문의 별을 의미한다. 애는 장애, 방해, 거리낀다는 의미다. 따라서 재인불애는 재물의 별과 인성의 별이 서로 꺼리지 않는다는 것이다. 애(碍) 대신 '싸울 전(戰)'이라는 글자를 써서 재인부전(財印不戰)이라고도 한다.

운명학에서 재물과 높은 인품은 구조적으로 상극 관계에 있다.

즉 존경받는 학자나 선비와 같이 좋은 인성을 가지면서 재물을 얻기가 어렵고, 큰 재물을 얻고자 하는 장사치는 높은 인품을 갖거나 유지하기가 어렵다는 말이다. 우리네 삶의 현실이 운명학 속에는 이미 논리적으로 결정되어 있다. 그렇다면 재인불애, 재인부전은 어떻게 가능한가?

부자가 천국에 들어가기는 낙타가 바늘구멍에 들어가기보다 어렵다는 성경 구절도 있지만, 현실에서는 존경받는 부자들이 분명히 존재한다.

오랜 전통을 가진 우리나라 기업 중에는 기술보국(技術報國)이라는 마음으로 갖은 고난을 겪으면서 기술력을 축적해 국가 경쟁력을 높이면서 큰 부를 축적한 사람들도 있다.

유한양행의 창업자인 유일한 박사는 일제강점기부터 민중들을 질병의 고통으로부터 해방시키기 위해 이윤을 줄이면서까지 많은 사람을 돕는 의료 사업을 꾸준히 했다.

정치인이 된 이후에 오욕(汚辱)을 겪고 있지만 안철수 대표 역시 사업가로만 놓고 보았을 때 무료로 백신 프로그램을 배포하고, 자국민이 무료로 사용할 수 있도록 외국에서 거액에 회사를 팔라는 제안을 거절하는 등 한국 IT 보안 기술을 한 단계 올려놓으면서 존경받는 기업가로 명성을 떨쳤다.

이러한 사주 구조를 가진 이들은 어떤 사람들인가?

재물의 별과 인성의 별이 서로 맞붙어 있지 않다. 다음으로 관직의 별이 재물의 별과 인성의 별을 화해시켜준다. 혹은 재물의 별과 인성의 별이 묘하게 합을 이루고 있다. 이렇게 되면 사주의 격, 소위 레벨이 한두 단계 더 높아진다. 실제 삶은 천양지차가 된다.

재인불애의 사주 구조를 가진 이들은 어떠한 장점을 갖고 있는가? 깊이 있는 공부를 통해 그것을 바탕으로 재물을 취한다. 충분히 공부한 다음에 사업하기 때문에 새로운 아이템을 발굴할 수 있고 가치 있는 상품이나 서비스를 개발할 수 있고 큰 실패를 하지 않는 강점을 갖고 있다. 좋은 직장에 취업해서 높은 연봉을 받는 것도 마찬가지로 재인부전의 구조다.

머리 써서 공부는 하기 싫고, 큰돈은 벌고 싶고, 막연한 상태에 뛰어들어 요행으로 좋은 직장을 갖거나 사업에서 성공하기를 바라는 것과는 다른 것이다.

솔루션 15. 평생 공부의 위대함

이들은 어떠한 심리 구조를 갖고 있는가?

재물의 별과 인성의 별, 학문의 별이 서로 붙어서 상극하지 않고, 떨어져 있다는 것은 인간적인 도리를 따져야 할 자리에서 재물에 집착해 소탐대실(小貪大失)하지 않는 것이다. 큰 사업을 하려는 사람은 돈을 잃으면 적게 잃는 것이고, 사람을 잃으면 모두를 잃는 것이라는 사실을 알고 있다.

관성의 별이 화해시켜주는 것이 무엇인가? 사회가 인정한 공식적인 통로로 재물을 취한다. 즉 편법을 쓸지언정 불법을 쓰지는 않는 것이다. 승승장구하다 한순간에 꺼꾸러지는 것은 이 관성의 별이 소통시켜주는 바가 없기 때문이다. 관성은 바로 책임감이며, 약속을 지키는 것이다. 사회의 질서에 대해 최소한의 책임감을 갖고, 자신이 손해를 보는 한이 있더라도 고객과의 기본적인 약속은 반드시 지키는 것이다. 그래야 오래도록 돈을 벌 수 있다는 것을 알고 있기 때문이다.

묘하게 합을 이루는 것은 무엇인가? 공부한 것을 현실화시키는 능력이 뛰어나고, 현실적인 요구를 파악해 무엇을 얼마나 공부해야 할지 알고 기꺼이 시간과 노력을 투자해서 공부하는 사람이다. 빌 게이츠나 이건희 회장은 잘 알려진 독서광이며, 위대한 사업가들 대부분이 학벌을 떠나서 독서와 평생 공부가 습관화된 사람들이었다. 이렇게 해서 사회적으로 가치 있는 상품과 서비스를 개발하면서 남다른 부를 축적한다면 존경받는 부자가 될 수 있다. 물론 쉬운 것은 아니다.

내가 비록 재인부전의 사주 구조를 갖추고 있지 않다고 하더라도 이들이 가진 장점을 훈련하면 그에 가까운 사람이 될 수 있다. 많은 성공한 사람들은 말한다. 성공으로 가는 길은 알기 쉽다. 다만 그 길을 기꺼이 가는 사람이 적을 뿐이다.

5장

출세와 성공

運命
經營

01

하늘이 돕고
땅이 받쳐주는 운명

미국의 최고위 관료 중 한 사람이 자신은 중요한 결정을 할 때 거울을 쳐다보면서 내가 그 일을 할 수 있는 사람인가, 없는 사람인가 묻는다고 했다. 내 얼굴이 할 수 없다고 말하면 그 일을 하지 않는다. 그것이 그의 평생을 좌우한 철학이었다. 링컨이 말한 나이 40이 넘으면 자신의 얼굴에 책임을 져야 한다는 것도 같은 맥락에서 이해할 수 있다.

언뜻 보면 시인이나 선비 같지만 가면을 쓴 것 같은 사람들이 있다. 내가 30대 중반에 만났던 벤처기업을 운영하던 여사장 K씨가 그런 사람이었다. 일 때문에 몇 년을 함께해야 했는데, 순진했던 내가 그녀의 실체를 파악하게 된 것은 꽤 긴 시간이 흐른 뒤였다.

거래 업체 동료들끼리 술을 마시던 자리, 당시에는 프리랜서로 일하던 K씨는 갑자기 전화를 받더니 가방을 챙겨서 일어났다. 큰 중견기업 대표였던 어떤 분이 K씨에게 술에 취해서 하대하는 말을 했다. 그녀는 불쾌해하면서 잠깐 갔다 와야겠다더니 나가서 돌아오지 않았다.

K씨는 처음에 하던 일을 그만두고 귀금속 장사를 한다, 주식을 한다, 무역업을 한다 등등 하나의 일에 정착하지 못하고 큰 사업 거리만 쫓아다니다 결국 상당한 빚을 지고, 그 과정에서 배우자와 불화가 발생해 이혼하느니 마느니 하면서 야단법석이었다.

나 역시 그녀에게 배신을 당하고 나서야 그녀의 사주를 제대로 들여다보았다. K씨는 천부지재가 무너진 사주였으니 그녀는 박복하기도 하거니와 겉과 속이 다른 인물이었다.

마지막이 될 줄은 몰랐던 만남에서 그녀는 나에게 자신의 은밀한 술버릇을 말했다. 술을 마시면 거울을 보고 자신의 얼굴에 대고 욕을 한다는 것이었다. 비록 그에게 손해를 입기는 했지만 돌이켜보면 그의 말에는 안타까운 점도 없지 않았고, 타산지석(他山之石)으로 쓴 교훈도 얻을 수 있었다고 여긴다. 말하자면 자신의 얼굴을 사랑하지 않으면 어떤 일이든 제대로 하기 어렵다는 것이다.

천부지재, 잘 지은 집과 같은 사람의 품격

천부지재(天覆地載)는 유교 경전인 『중용』에 먼저 나오는 말로, 인간에 대한 천지의 사랑을 말한다. 하늘은 덮어주고 땅은 받쳐준다는 말이다. 부(覆)는 뒤집는다는 의미가 있을 때는 '복'으로 읽는다. 명리학에서 천은 육십갑자의 앞글자인 천간을 말하고, 지는 육십갑자의 뒷글자인 지지를 말한다. 즉 십간(갑을병정무기경신임계)을 하늘에 비유해 십천간(天干)이라 하고, 십이지(자축인묘진사오미신유술해)를 땅에 비유해 십이지지(地支)라 하는 것이다.

사주팔자 네 기둥은 천간, 지지 한 세트가 한 기둥을 이루며, 천간 4글자, 지지 4글자 총 8글자로 구성되어 있다.

천부지재에서 천부는 사주팔자 중 천간이 돕는 것이며, 지재는 지지가 돕는 것이다. 돕는다는 말은 내 사주팔자에 필요한 용신에 해당하는 오행을 상생으로 도와주는 것을 말한다.

천간이 돕는 것은 예를 들면 지지가 화(火, 불)인데 천간이 목(木, 나무)이며, 지지가 돕는 것은 반대로 천간이 화인데 지지가 목이다.

천간이 돕는 천부는 하늘이 마치 내가 사는 집의 지붕 역할을 하면서 눈비로부터 덮어주는 것이다. 지지가 돕는 지재는 마치 내가 사는 집의 기둥 역할을 하면서 땅에 굳건히 뿌리 박혀 있어서 내가 살아갈 수 있는 공간과 터전을 제공하는 것이다. 이렇게 하늘이 돕고 땅이 받쳐줘야 좋은 사주가 된다.

모든 사람에게는 그 사람만의 격이라는 것이 있다. 우리가 일상에서 격에 맞는다, 품격이 있다, 격이 떨어진다고 할 때의 그 '격'과 일맥상통하는 것이다. 품격이 있는 것이 우선이고, 다음으로 격이 높기까지 하면 금상첨화다. 물론 쉬운 일은 아니다.

천부지재가 된 사주는 소위 격이 분명한 사주이니 인생의 목표나 업이 바로 서 있는 사람이다. 다음으로 천부지재가 된 사주는 하나의 일을 오래 하니 결국 자신의 분야에서 명성을 떨친다. 끝으로 천부지재가 된 사주는 튼튼하게 잘 지은 집과 같으니 웬만한 위기에서 흔들리지 않는다. 고난이 닥쳐 잠깐 우왕좌왕할지라도 다시 정신을 차린다. 뚝심 있게 혹은 슬기롭게 잘 이겨내고 자신의 길을 계속 가는 것이다.

반면 천부지재가 되어 있지 않은 사람은 어떠한 현상이 나타나는가?

먼저 내심 바라는 바와 실제로 하는 일이 다르게 되니 업에 있어서 갈등이 심해진다. 혹은 현재 하는 일에서 힘 있게 나아가지 못하고, 돌멩이로 불붙이는 것처럼 될 듯 될 듯 잘 안 된다. 날이 무딘 칼로 나무를 베는 것처럼 일이 빠르게 진척되지 않아 답답하다. 잘되는 듯하다가도 무너지기 일쑤다. 끝으로 환경 변화에 매우 민감하다. 잘될 때는 잠깐 환상적인 성공을 꿈꾸면서 잠시 신바람을 내지만 바람 불면 휙 꺼지는 촛불처럼 외부의 환경에 조금만 불리한 변화가 생겨도 주저앉고 다시 일어나기가 힘들다. 이렇게 주저앉고 일어나기를 반복하니 종내에는 자신감을 잃고 절망에 빠질 수 있다.

이러한 운명학의 이치를 살펴볼 때 우리가 교훈을 얻고 나아가야 할 바는 분명하다.

솔루션 16. 천지는 자신을 속이지 않는 사람을 돕는다

우리의 사주가 천부지재로 이루어져 있다면, 그리고 대운의 흐름이 천부지재의 운으로만 일생 계속된다면 좋겠지만 그것은 상위 0.01%의 운명이니 쉬운 일이 아니다.

그렇다면 어떻게 하면 천부지재가 된 것 같은 건강한 에너지를 가질 수 있을 것이며, 그러한 성(城)을 구축할 수 있을까? 약해진 천부지재를 회복할 방안을 생각해보자.

하나, 누구에게나 일생에 흔들리지 않는 업이 하나는 있어야 한다. 그것이 주업이든 부업이든 즐기면서 할 수 있는 일, 피곤할 때도 할 수 있는 일, 다른 사람에게 칼자루가 쥐어지지 않고 죽을 때까지 할 수 있는 일이 하나는 있어야 한다. 그것이 자신을 지탱할 힘, 자기 사주라는 집의 기둥이 될 수 있기 때문이다.

둘, 주어진 자리에서 주인공이 된다. 성공하는 사람은 좋은 조건에서만 최선을 다하는 사람이 아니다. 우리가 누군가를 보면서 어디에서도 성공할 사람이라고 이야기하는 것은 자신에게 주어진 자리에서 늘 주인공처럼 일하는 사람이다.

셋, 그래도 계속 걸어가야 한다. 돌멩이로 불붙이는 것이 힘들지라도 계속하면 천지가 감응하는 법이다. 모든 것이 끝났다고 생각했을 때 다시 한 걸음을 내딛으면 모든 것을 바꿀 수 있다. 백척간두진일보(百尺竿頭進一步)까지는 아닐지라도 가다 지치면 때로는 천천히 가고 때로는 쉬었다 가더라도 뒤로 가지 않고, 어떻게든 앞으로만 가면 반드시 궁극의 자리를 만날 수 있고, 궁하면 통하는 법이다. 그것이 길고 어두운 터널을 통과하는 방법이다.

끝으로, 격은 사람의 얼굴에 해당한다. 내가 하는 일에 대해 거울을 보고 내 얼굴에 맞는 일인가를 고민하라. 아니면 내 본 기질에 맞게 새로 얼굴을 만들어라. 어떻게 보면 얼굴과 다른 삶을 사는 것은 자신을 속이고 세상을 속이는 것이다. 베스트셀러 『연금술사』로 유명한 작가 코엘류는 성공하고 싶다면 자신을 속이지 않아야 한다고 했다.

이렇게 할 수 있다면 비록 천부지재의 운명을 타고나지 못했더라도 하늘이 돕고 땅이 떠받쳐주는 운명으로 변해나갈 수 있을 것이다. 성경에 하늘은 스스로 돕는 자를 돕는다고 했는데, 운명학의 이치로 말하자면 천지는 자신을 속이지 않는 사람을 돕는 법이다. 천부지재를 통해 배우는 운명학의 지혜다.

02

출세하고 대성하는 이의
운명적 조건

십년마일검(十年磨一劍)이라는 말이 있다. 10년 동안 검을 갈고닦은 사람을 뜻한다. 무엇인가 이루기 위해서는 오랜 노력이 필요하다. 사주를 보다 보면 그런 사람들을 만나곤 한다. 오랫동안 꽃을 피우지 못해 기가 죽어 있던 사람이 운이 바뀌자 하루아침에 확연히 다른 사람이 되는 광경이다. 그런 사람들의 경우, 원신투출의 운이 왔거나 어느 날 원신투출의 비밀을 깨치면서 중대한 변화를 일으켰기 때문이다. 물론 그 이전에 자신만의 검을 갈고닦는 과정이 있어야 할 것이다.

L군은 나의 고등학교 동창이다. 녀석은 술만 마시면 다른 사람을 피곤하게 하는 주사가 있어서 친구들의 힐난을 자주 들어야 했다. 공부를 꽤 잘해서 서울의 꽤 괜찮은 대학에 진학했지만, 학교

와 전공을 모두 마음에 들어하지 않았다. 집이 넉넉하지 못해서 빨리 졸업하고 경제활동을 해야 했지만, 콧대가 높았던 그는 집에 말도 없이 자퇴하고 재수를 시작했다. 그러다 군대에 가고 제대를 한 후에도 그의 자부심은 꺾이질 않았다. 그렇게 10년의 세월이 흘렀다. 그 세월 동안 집안의 도움도 받을 수 없이 늦깎이 수험생이 된 녀석은 술만 마시면 과장된 장담을 하고, 직장을 다니는 친구들이 집으로 가지 못하게 막았다. 후일 스스로 그때 자신에게 서울대병이 있었다고 고백했다.

재수할 때만 해도 힘내라고 손을 잡아주던 나였지만 30대의 나이에 여전히 수험생 겸 백수로 지내는 녀석과 헤어지던 어느 날, 가까운 사람들의 사주는 잘 보지 않는 내가 결국 녀석의 사주를 제대로 들여다보게 되었다. 일간의 기운이 지나치게 강하니 그렇게 고집이 셌던 것이고, 무엇보다 원신투출이 되지 않은 사주였다.

다음 날 전화로 이제 곧 원신투출이 될 길운이 기다리고 있어서 방황해도 좋으니 ○○해가 될 때까지 몸이나 상하지 말라고 일러주었다. 지금 그는 서울시 공무원으로 10년 넘게 근무하면서 결혼까지 해서 처자식 잘 건사하며 남부럽지 않게 안정적인 삶을 살고 있다.

정신 차리고 공무원 시험으로 눈을 돌리기 전 녀석이 술만 마시면 입버릇처럼 하던 말이 "아, 세상이 날 몰라주네, 날 몰라줘!"였다.

원신투출, 원석과 보석의 차이

원신투출(元神透出)이란 무엇인가? 원신투출이란 생월의 지지 오행과 같은 오행이 천간에 투출한 것을 말한다. 가령 생월이 사(巳) 화월이나 오(午)화월인데 천간에 병(丙)화나 정(丁)화가 투출한 것이다.

보통 지지는 암장(暗藏)되어 있다는 표현을 쓰고, 천간은 투간(投干)되었다 혹은 투출(投出)되었다는 표현을 쓴다. 반드시 생월이 아니라도 지지에 암장된, 나에게 필요한 오행이 투출되면 그것도 역시 원신투출이라고 할 수 있다.

가장 기본적으로는 지지를 음양오행에 따라 천간으로 전환시키면 그것이 원신이다.

십이지	자(子)	축(丑)	인(寅)	묘(卯)	진(辰)	사(巳)	오(午)	미(未)	신(申)	유(酉)	술(戌)	해(亥)
원신(元神)	계(癸)	기(己)	병(丙)	을(乙)	무(戊)	병(丙)	정(丁)	기(己)	경(庚)	신(辛)	무(戊)	임(壬)

원신투출이 되면 해당 오행은 더 강력한 힘을 얻는 것으로 본다. 그러니까 내가 필요로 한 오행이 지지에 암장만 되어 있다면 50%의 힘을 발휘할 것을, 투출까지 되어 있으면 80% 이상의 힘을 발휘할 수 있으며 실질적인 효과는 그 이상이다. 단순하게 이야기하자면 내가 일용할 양식, 내가 세상을 살아가며 사용할 무기에 해

당하는 오행이 지지에 암장만 되어 있다면 그냥 평범하게 서민으로 살아갈 사주인데, 천간에 투출되었다면 큰 업적을 세우고 대성할 수 있다는 말이다.

물론 타고난 사주에 이 원신투출이 되지 않았어도 대운의 흐름에 따라 원신투출이 되어 크게 발복할 수 있다.

이러한 원신투출이라는 사주 구조를 가진 자 혹은 대운에서 원신투출이 된 자의 심리는 어떠한가? 원신투출이라는 것은 다른 말로 하자면 출세(出世)다. 출세는 세상 밖으로 나온다는 것을 의미한다. 세상 밖으로 나오는 자와 나오지 않는 자의 차이는 무엇인가?

세상 밖으로 나오지 않은 자는 두 가지 경우가 있다.

첫째, 세상에 나올 준비를 하고 있는 상황이다. 입시를 치르기 전 학생과 같은 것이다. 과거를 치르고 합격하기 전의 선비와 같은 것이다. 둘째, 세상과 불화하는 것이다. 쉽게 말해 이 꼴 저 꼴 보기 싫다고 산으로 들어간 것과 같은 사람이다.

솔루션 17. 내가 아닌 남에게 인정받는 것

원신투출은 시험에 합격한 것과 같은 상황이며, 준비를 마치고 세상과 어울리며 본격적으로 자신을 드러내는 것이다. 또한 이전까지 세상과 잘 어울리지 못해 천둥벌거숭이처럼 살거나 산속에서 은둔하고 있었지만 이제는 세상과 어울리기로 한 것이다.

전자는 세상 속에 어울리며 살 수 있는 합당한 실력을 갖춘 것인데, 이것은 쉽게 말하면 자기 밥벌이는 스스로 할 수 있는 재주 하나를 갈고 다듬어서 드디어 쓸 만하게 된 것이다. 후자는 무엇인가? 그동안 세상의 언어를 의도적으로 회피하거나 혹은 몰라서 사용하지 못했던 것을 익히게 된 것이다. 사회성을 익히고 커뮤니케이션 방법을 익힌 것이다. 세상이 자신을 이해 못 해준다고 앙탈을 부리는 것이 아니라 자신이 세상에 어울리는 사람으로 거듭난 것이다.

말하자면 물건을 파는 상인이 내용만이 아니라 포장도 그럴듯하게 팔릴 수 있게 잘 만든 것, 요리하는 사람은 자기 음식이 좋은 재료로 영양가만 많다고 우기는 것이 아니라 맛있게 먹을 수 있게 만드는 것, 어떤 장인이나 기술자가 자신이 물건을 힘들게 만들었으니 결함이 좀 있는 것은 알아서 고쳐 쓰라는 식이 아니라 처음부터 쓰기 쉽게 만드는 것, 글쟁이가 내 글은 좋은 내용이니 네가 머리 싸매고 이해하라고 하지 않고 읽기 쉽게 쓰는 것, 이러한 사회성이 원신투출이다.

세상에 나가서 제 몫을 하기 위해서는 이러한 기본을 갖춰야 한다. 세상을 위해 가다듬지 않고 자신만을 내세우는 것은 미숙한 어린아이들이나 하는 행태다. 대성하는 자의 자격이란 것은 바로 원신투출이 의미하는바, 충실한 준비와 적극적 소통이 합치된 결과다.

물론 때로는 적극적으로 세상 속으로 숨어야 할 때도 있다. 난신

적자(亂臣賊子)들이 세상을 어지럽히기에 숲속으로 숨은 중국 진나라 시절 죽림칠현(竹林七賢)이 대표적인 이들이다. 하지만 그들이 실력이 부족하거나 사람들과 소통할 수 있는 교양이 모자랐던 것은 아니다. 그랬다면 현인이라는 칭호, 죽림칠현이라는 이름이 붙지도 않았을 것이다. 그들은 실력 있는 현자였기에 자신의 길을 선택할 수 있었다.

물론 이러한 실력, 소통 능력을 갖춘다는 것이 쉬운 일은 아니다. 하지만 원신투출을 통해 나에게 부족한 것은 무엇인가? 어떠한 태도가 필요한가를 새삼 점검해보는 기회를 가질 수는 있을 것이다.

지금은 라디오 MC로 더 유명한 가수 배철수 씨가 강변가요제에서 심사위원이 머리가 너무 길다고 지적하자 다음번에 소위 스포츠형 머리로 짧게 깎고 나온 것도 원신투출이다. 가수 임재범 씨가 세월의 풍파를 겪으면서 좀 더 노래에 깊이가 생기고 사람들과 농담을 나눌 수 있는 여유를 가지게 되었다고 이야기하는 것도 원신투출이다. 내가 아닌 남에게 인정받는 것, 자기만을 고집하지 않고 사회에 필요한 그릇이 되는 것이 원신투출인 것이다.

03

작은 노력으로 큰 성공을 거두는
운명에 관하여

B씨는 대학가에서 호프집을 운영하는 여사장이었다. 처음에는 웃는 상으로 보였지만 이야기를 나누면서 점차 표정에 그늘이 짙게 드리워진 것이 느껴졌다. 생년을 보고 약간 놀란 마음도 있었으니, 다소 비대한 몸집과 거무죽죽한 얼굴 색깔로 나이가 꽤 많아 보였으나 갓 마흔에 접어든 젊은 나이였다. 요즘 같은 초고령화 시대에는 청춘이라고 불러도 어색하지 않을 나이인데 세파에 찌든 모습이 역력했다.

그녀의 고민은 더 늦기 전에 다시 예전의 직장인 잡지사로 돌아가도 되겠느냐는 것이었다. 그녀는 30대 초반에 잡지사 편집팀장까지 맡았던 유력한 재원(才媛)이었으나 월급쟁이 생활로는 가난을 벗어나기 어렵겠다는 생각에 장사를 시작했다. 매일 저녁 단골손님인 대학생들의 술친구가 되어주기도 하고, 장사로 받은 스트레스를 술로 풀다 보니 이렇게 살이 찌게 되었다는 말도 덧붙였다.

여사장의 사주를 풀어보았다.

"좌우협기가 되지를 않았네요."

"그게 뭔가요?"

"남의 덕 보기가 어렵다는 것입니다."

좌우협기가 잘되지 않은 사주는 조상 덕이나 환경의 덕을 보기 힘들고, 온전히 자신의 힘으로, 맨손으로 자신만의 성(城)을 일구려 다 보니 어려운 점이 많은 것이다. 물론 그나마 자기 기운이라도 강한 것이 불행 중 다행이라고 할 수 있었다.

"이 사주는 다음 대운에서 꿈이 중요한 역할을 합니다. 꿈을 놓지 마세요. 좋은 꿈을 오랫동안 가지면 덕도 따르는 법입니다."

사람을 지탱하게 만드는 것은 여러 가지 요소가 있다. 그중 빠질 수 없는 것이 아름다운 꿈이다. 삶에 찌든 현재만 있고, 자신만의 아름다운 꿈이 없다면 지치고 오래갈 수 없는 법이다. 좌우협기가 되지 않은 사주는 꿈을 포기하기 쉽다. 하루하루 사는 데 매몰되기 때문이다. 하지만 자신이 진정으로 행복할 수 있는 그림을 그려나가고 물밑에서라도 실천해나가다 보면 협조하는 기운이 저절로 찾아오기 마련이다. 그러니 덕이 없음을 두려워하지 말고 뜻이 바르지 않은가를 점검해야 한다.

166

좌우협기, 나를 지탱하는 두 기둥

좌우협기(左右協氣)란 사주(四柱) 네 기둥에서 좌측과 우측에 협조하는 기운이 있다는 말이다. 사주 네 기둥은 연월일시의 기둥으로 이루어져 있는데, 좌측 기둥에는 생시의 기둥이 있고 우측 기둥에는 생년의 기둥이 있다. 따라서 좌우협기란 생년의 연주와 생시의 시주에 나를 돕는 기운이 있는 것을 말한다. 돕는 기운이란 앞서 말한 것처럼 용신에 해당하는, 즉 내 사주에 필요한 오신에 해당하는 오행 혹은 그것을 도와주는 오행이 있다는 것을 말한다.

좌우협기형의 사주는 주위 사람들, 귀인의 도움으로 상대적으로 작은 노력으로 성공을 거둔다고 풀이하는데, 자신의 노력보다는 환경적인 도움을 많이 받는 것이다.

그 이유는 본래 생월과 생일을 자신의 능동적인 노력에 해당하는 기둥으로 보고, 생년과 생시를 수동적이고 환경적인 요인으로 보는 경향이 있기 때문이다. 물론 이것은 한 면만을 바라본 단식판단이므로 여기에 완전히 구애되어서는 곤란하다.

다만 말하자면 생년은 조상궁에 해당하니 생년이 좋으면 소위 금수저가 될 확률이 높은 것이요, 생시는 후손궁에 해당하니 생시가 좋다면 만년 제자나 자손들로 인해 덕 볼 일이 있다는 것이다.

예로부터 '생년을 극하거나 생년과 사이가 좋지 않으면 조업(祖業)을 파(破, 깨뜨림)한다'고 했으니 물려받는 덕이 적은 것이다. 생시 역시 이러하면 같은 맥락으로 추론해 자손과 불화하고 부모 곁을 떠나 자신과 후손이 이반(離反, 서로 등을 돌리고 헤어짐)되는 것이다.

솔루션 18. 안에서도 쪼고 밖에서도 쪼아준다

가족 관계를 떠나 좌우협기의 구조가 이루어진 사람들은 살면서 귀인을 많이 만나고 어려운 와중에서도 도와주는 사람이 있으며, 항상 끌어주려는 사람이 있는 등 인덕이 따르고, 적절한 시기에 새로운 기회를 만나는 천운이 있는데 그것은 무엇 때문인가?

사주 네 기둥을 보면 월일은 속 알맹이에 해당하고, 연시는 껍질에 해당하는데 바깥 껍질이 좋다는 것은 밖에서 날 돕기 위해 쪼아주는 어미 새가 있는 것이다. 줄탁동시(啐啄同時)라는 말이 있으니 내가 안에서 노력하는 것과 밖에서 쪼아주는 것이 합쳐지면 더용이하게 성공을 거둘 수 있는 것은 자명한 이치다.

그렇다면 어떠한 이가 이런 도움을 받는가?

생년이 양호한 사람은 타고난 천품·천성·본바탕이 극단적이지 않고 어진 사람이며, 생시가 탁월한 사람은 이상과 꿈이 바르고 올바른 목적을 향해 나아가는 사람이다. 생년이 좋은 사람은 가정교육을 비롯해 조상의 문화적 유전자를 잘 받은 사람이다. 본바탕이 바른 사람이니 험한 일을 벌이지 않고, 감사하고 나눌 줄 아는 사람이다.

생시가 좋은 사람은 어디로 가야 할지 아는 사람이니 자신의 사리사욕을 넘어 공리(公利)를 추구하고 더불어 사는 공동체를 꿈꾸는 이상을 가진 사람이다. 좌충우돌 우왕좌왕하는 바가 있더라도 결국 바른 목적이 바른 인생을 이끄는 것이다. 지금 현재 시점에서 한 인물에게서 확연히 드러나 보이지 않더라도 그 사람의 내면에서 끓어오르는 것은 그 사람을 좌우하는 것이다.

따라서 작은 은덕에라도 감사할 줄 알고, 바른 목적을 향해 나아간다면 좌우협기는 사주에 없어도 저절로 이루어지는 것이다. 결국 나에게 다가오는 환경이라는 것 또한 내 안에 잠재된 삶에 대한 태도가 구현되는 것이라는 차원에서 바라볼 수 있으니 좌우협기라는 운명학 사자성어가 주는 교훈은 명백하다.

04

마음을 하나로 정하지 못한다면

10여 년 전 잊을 만하면 연락이 오던 30대 초반의 H양은 공기업에 다니는 유능한 재원이다. 그녀는 좋은 직장에 호감을 주는 외모를 갖고 있어서인지 자주 소개팅을 했고, 그런 날이면 어김없이 나에게 전화를 해서 궁합을 물어보곤 했다. 줄잡아 스무 명 가까이 되는 남성과 궁합을 본 듯하다. 남자운은 계속 있으니 조급하지 말라고 해도 자신의 나이가 많다고 생각해 당장 결판을 낼 기세였다. 그렇게 2년 정도를 궁합도 보고 교제도 한 끝에 대망의 결혼 후보는 2명 정도로 추려졌다.

그렇게 두 사람을 놓고 저울질했는데 한 사람은 사업가였고, 다른 한 사람은 외국의 이름만 들으면 알 만한 좋은 회사에 다니는 연구원 겸 프로그래머였다.

연구원 K는 꼼꼼하고 세심한 성격이었고, 사업가 L은 호탕한 성격에 좋게 말하면 낭만적이지만 나쁘게 말하면 술 마시고 친구들과 어울리는 것을 좋아했다. H양의 표현에 의하면, 여자를 밝히는 성격이라 바람기가 있을까 걱정스럽다고 했다.

H양의 고민은 그런 것이었다. 아버지가 술을 좋아하고 잘 노는 사람이어서 K연구원 같은 안정적인 남자와 결혼하고 싶은데, 마음은 L사장과 같은 화끈한 남자에게 끌린다는 것이었다.

"이해는 하지만, 제가 사주로 조언을 드릴 테니 고민을 길게 가져가지는 마세요."

그녀는 관살이 혼잡된 사주였으니 두 남자 사이에 갈등하는 형국이었다. 정관도 남자이고 편관(칠살)도 남자인데, 어떤 남자가 내 남자인지를 알아야 한다. 그리고 그것만큼 중요한 것은 저울질이 길어지면 두 남자를 모두 실망시킬 수 있다는 점이다. 어떤 조직이든 사랑이든 양쪽에 어중간하게 발을 담그는 상태가 오래 지속되면 양쪽으로부터 모두 배척받을 수 있기 때문이다. 관살혼잡의 사주들은 그런 혼란스러운 상태를 자초하는 경향이 있으니 거기에 대한 경계를 먼저 준 것이다.

그녀는 나의 조언을 참고해서 결국 연구원을 선택했고, 지금은 비록 타국에서나마 만족스러운 생활을 하고 있다. 가끔 메일을 보내오는데, 어쩌면 조만간 한국으로 돌아올지도 모르겠다고 하니 다행스럽다는 생각도 든다.

우리네 인생에서 신중함은 필요하지만 결단해야 할 때 결단을 하지 않으면 화를 부른다. 관살혼잡은 우리에게 이에 관한 지혜를 준다.

관살혼잡, 인생의 두 갈래길 앞에 서서

관살혼잡(官殺混雜)이란 무엇인가? 사주에 일간인 나를 극하는 것을 관성(官星) 혹은 관살(官殺)이라고 하는데, 여기에는 두 가지가 있다. 하나는 정관이고, 다른 하나는 편관, 즉 칠살이다. 정관은 순조로운 관성이고, 편관은 강렬한 관성이다.

여성에게 정관은 나의 남편, 편관(칠살)은 나의 애인에 해당하기도 한다. 하지만 편관이 하나만 있을 때는 그 편관이 곧 나의 남편이며, 정관도 많으면 애인이 되는 것이 명리학의 이치다.

정관은 세상에 정해놓은 규칙이 나를 다듬는 것이다. 법이나 교육제도와 같은 각종 제도가 그렇고 특정한 회사의 사규, 조직의 규약 등이 그러한 것이다. 반면 편관은 보편적인 법의 테두리를 벗어난 규제이니 폭행이 될 수도 있고, 각종 사건·사고가 될 수도 있다. 혹은 일반적인 것보다 더 강력하게 나를 제압하는 것이니 군대나 경찰 같은 것이다. 법의 테두리를 따르는 것은 정관이지만 법을 집행하는 것은 편관이니 법조인에 해당하기도 한다.

한편으로 칠살은 보편적인 법을 넘나드는 사람이니 자신만이 정한 규칙으로 살아가는 사람이기도 하며 옳고 그름을, 좋아함과 싫어함을 구분하는 것이 훨씬 단호하다.

관살에 대한 설명은 여기까지 하고, 관살혼잡이 된 사주는 정관과 칠살을 모두 갖고 있는데 이러한 사람들의 특성은 어떠한가?

본래 관살혼잡은 나를 제압하는 기운이 중첩된 것이니 명리학에서는 지극히 꺼리는 것 중의 하나다. 관살혼잡이 되면 사람이 지나치게 위축되어 세상과 맞서 싸워나갈 생각을 못 하고 스스로 작은 일에 만족하거나 세상의 흐름에 휘둘려 부침이 심하게 되니 자신이 어떤 울타리에 처할지를 결정하지 못하는 것이다.

또한 관살혼잡이 된 이는 가위에 눌리는 것처럼 귀신에 시달리는 사람이 많고, 그러한 증상은 정신질환과도 일맥상통하게 된다. 직장을 구하는 데에서도 정상적인 경로를 통해 행정가와 같이 순응하는 길을 가야 할지 혹은 군인이나 특수임무 종사자처럼 특별한 길을 갈지 결정을 못 한다. 중심이 없고 도리에 상관없이 강한 세력에 자신을 무조건적으로 의탁하니 그 세력의 부침에 따라 자신의 진로도 방황하게 되는 것이다.

솔루션 19. 마음을 하나로 정하라, 소속이 신분을 결정한다

그렇다면 관살혼잡은 어떻게 개선할 수 있을까?

하나는 둘 중 하나를 제거하는 것이다. 거관류살(去官留殺)과 거살류관(去殺留官)의 방법이 있다. 다른 하나는 살인상생(殺印相生)의 길을 걷는 것이다.

하나를 제거하는 길은 무엇인가? 정관과 칠살 중 하나를 제거하는 것이다. 하나를 제거하는 것은 유인책을 쓰든 강경책을 쓰든 쫓아내는 것이다. 칠살 혁명가의 길을 갈지, 아니면 정관 왕당파의 길을 갈지 결정해야 한다.

가장 나쁜 것은 결정하지 못하는 것이다. 신뢰 없는 이는 그 어떤 쪽에서도 사랑받지 못한다. 단순히 지금 당장 어떤 세력이 더 강한가 하는 질문에서 벗어나 자신의 마음과 양심에 비추어보아 어떤 길이 더 옳은가?

그리고 장기적으로 나의 미래를 위해 어떤 길이 더 나은가를 결정하는 것이다. 이렇게 했을 때 실패 시 후회가 없다. 관살혼잡은 하나로 마음을 정하지 못하는 것이고, 단순히 지금의 세력만 쫓아서 실패하고 위기를 자초하는 것이다. 하나로 마음을 정해야 한다.

다음으로 살인상생이란 무엇인가? 정관과 칠살이 함께 있어 관살혼잡이 되면 둘 다 칠살과 같은 성향을 지니게 된다. 폭력적으로 다가오고 나를 위축되게 만드는 것이다. 이럴 때 앞선 제거하는 방법 외에 유화책으로 구슬리는 방법이 있는데 그것이 살인상생이다.

이것은 공부를 하는 것이며, 예의와 도리를 따르는 것이다. 칠살은 인성을 돕는 자이니 인성을 돕다 보면 자신의 힘이 절로 빠진다. 그래서 인성이라고 하는 신은 칠살의 기운을 빼는 데 가장 강력한 것이다. 그리고 인성은 나를 돕는 신이니 단순히 힘만 빼는 것이 아니라 나를 돕게 만드는 것이다.

폭력적인 세상도 내가 도리와 예법을 지키면 나를 도와주는 세력으로 전환할 수 있다. 내가 학생처럼 순수한 마음을 지니면서 하나라도 배우려는 마음으로 접근하면 그들이 갑자기 조력자가 되어 나에게 자리를 마련해주는 좋은 울타리가 되어줄 수 있다.

그들의 규칙을 무시하지 않고, 그들의 방식을 우습게 보지 않고 그들과 하나가 되는 방법은 진심으로 마음을 열고 그들의 세계를 배우려고 하는 것, 이해하고 공감하려고 하는 것, 예의와 도리를 다하는 것이다. 학습과 공감, 여기에는 상당한 인내심이 필요하기도 하다. '참을 인(忍)'자가 셋이면 살인도 면한다고 했던가?

관살혼잡의 위험과 혼동에서 벗어날 수 있는 길에는 두 가지가 있다. 하나로 마음을 정하는 것, 인내심을 갖고 공감하고 배우는 것이다. 이렇게 할 수 있다면 자신도 모르게 세상이 인정하는 큰 명예와 권력을 가진 사람으로 성장할 수 있다. 그것을 바로 관살병용(官殺竝用, 관성과 칠살을 함께 사용함)이라고 한다. 자신의 마음이나 상황이 관살혼잡이라고 느껴진다면 관살혼잡을 넘어 관살병용으로 나아가는 지혜를 발휘하기 바란다.

큰 권력을 얻는 이는 누구인가?

오랫동안 연락이 되지 않았던 대학 시절 하숙집 선배 P를 찾았던 일이 있다. 그는 본래 다른 학과였다가 우리 과로 전과를 한 선배로, 대학 시절 함께 사회운동을 하고 철학과 사회과학 공부를 했으니 지금은 많이 희석되었지만 한때 동지의 개념까지 느꼈던 선배였다.

현재 그는 공직에 종사하고 있었는데, 내가 갑자기 그를 찾았던 이유는 우연히 매스컴에서 그를 만나고 반가운 마음이 들었기 때문이다. 오랜만에 그를 만나 대학 시절처럼 낡은 주점에서 술을 마시며 이야기를 나눴다. 그는 미디어에서 만난 무난한 모습과는 달리 수년 전 선출직 공무원 선거에 출마했다 낙선하고 패배감에 젖어 있었다. 또한 다음 선거에 현실적인 선택으로 지금 소속된 정당을 나올 것인지 말 것인지를 고민하고 있었다. 예전과 달리 풀이 죽은 그의 모습을 보고 생년월일을 물어보았다.

그의 사주는 비록 현재 비운(悲運)에 접어들어 있긴 했으나 양인가살에 해당하는 격이 큰 사주였다.

"양인가살의 사주네요. 이 사주는 파란이 따르더라도 흔들리지 말고 본래 신념을 지켜나가야 합니다. 그러면 ○○년쯤에는 형의 시간이 찾아올 거예요."

패션에 따라, 트렌드에 따라, 유행에 따라 움직이는 것이 맞는 사주가 있는가 하면, 자신의 길을 지켜나가야 성공하는 사주가 있다. 양인가살의 사주가 그러한 사주인데 양인가살은 그 성공의 모양이 사회적인 모습, 지위나 권력적인 형태로 나타난다.

앞으로 어떤 긍정적인 상황이 펼쳐질 수 있을지 간단히 덧붙여 주었다. 주점을 나오면서 형은 "네 덕분에 어깨가 조금은 가벼워진 것 같다"며 악수를 하고 헤어졌다. 전쟁이 세련되게 바뀐 것이 정치라고 했던가? 멀어지는 선배의 등 뒤에서 그의 무운(武運)을 빌며 나도 천천히 발걸음을 돌렸다.

양인가살, 장군과 같은 기백에
보검 같은 날카로움을 더하다

양인가살(羊刃駕殺)이라는 말은 무엇인가? 양인이라는 큰 칼을

찬 장수가 칠살이라는 말을 타고 있다는 것이다. 인(刃)은 칼날이
요, 가(駕)는 거마 혹은 수레다. 양인은 제왕의 별로, 간단히 말하
면 일간이 자기와 똑같은 오행을 지지에서 만난 것이다. 즉 일간이
매우 강한 기운을 갖고 태어난 것이다. 양(陽)의 일간이 연월일시의
지지에서 오행은 같고 음양이 다른 지지를 만난 것을 말한다. 특히
월지나 일지에 있을 때 양인의 기운이 강하게 발휘되고, 다음으로
시지와 연지 순으로 힘이 강하다.

말하자면 갑일생은 묘, 병일생은 오, 무일생은 오, 경일생은 유,
임일생은 자를 만나는 것이다. 무일생만 예외적으로 오화를 양인
으로 보는데 화와 토는 뿌리가 같다는 이론 때문이다. 간혹 음일생
의 양인을 음인이라고 보기도 하지만, 그 작용력이 약하다.

일간	갑(甲)	병(丙)	무(戊)	경(庚)	임(壬)
양인	묘(卯)	오(午)	오(午)	유(酉)	자(子)

여기서 칠살은 자신을 극하는 오행 중 음양이 같은 것이기 때문
에 더욱 강하게 압박하는 십신이다. 칠살은 맹수와 같아서 언제나
나를 위협하니 이 칠살을 가지면 전쟁터에 있는 것과 같은 상황이
된다. 따라서 잘 드는 칼과 전쟁터의 말을 함께 가진 것이 양인가
살이다.

이 양인가살은 전형적인 권력자의 사주 구조다. 제왕, 황제의 사
주 구조인 것이다. 대표적인 인물로 청나라 건륭제가 있다. 역대 황

제 중 가장 장수하고, 가장 넓은 영토를 정복해 현대 중국보다 더 넓은 나라를 다스린 최전성기를 구가한 황제다.

그렇다면 양인가살은 어떻게 큰 권력을 가질 수 있는가? 이 역시 이 책에서 말하는 다른 모든 운명학의 이치와 마찬가지이니 무엇인가를 버려야 그것을 가질 수 있다. 양인의 특성과 칠살의 특성을 잘 살핀 후 그 둘을 조합하면 권력자의 사주 구조가 도출된다.

먼저 권력자란 어떤 것인가? 일반적으로 뭇 사람들을 통치하는 높은 직위를 가진 사람을 말한다.

이 권력자에는 두 가지 종류가 있으니, 첫째 기존의 규칙 내에서 단계를 밟아 올라가 높은 직위와 명예를 얻는 사람이고, 둘째 기존의 규칙 범주를 넘나들거나 혹은 자기 뜻대로 새롭게 규칙을 만들면서 권력을 쟁취하는 사람이다. 첫째는 체제 순응적인 경향이 있고, 둘째는 혁명가적인 성향이 있다. 전자는 공직자·관료·행정가에 해당하고, 후자는 왕이나 현대로는 국회의원·수상 같은 사람이다.

운명학에서 관직운을 좌우하는 것은 정관과 편관(칠살), 두 가지가 있다. 정관은 나를 극하고 압박하는 것 중 음양이 다른 것으로 극하면서도 서로 끌리는 점이 있기 때문에 부드럽게 다가오고, 나역시 순응적으로 되어 모범생 같은 성향을 지닌다. 하지만 칠살은 그렇지 않으므로 전쟁 상황이 벌어지고, 그렇게 기존의 질서와 싸워 이겨서 얻은 권력이기 때문에 기존의 틀을 넘어설 수 있는 권력을 가지는 것이다.

이때 전쟁터의 보검 역할을 하는 것이 양인이다. 양인은 일간이 강력한 힘을 가진 것이니 전쟁터에서 맞서 싸울 기운이 있다는 것이다. 즉 칠살은 전쟁터요, 양인은 날을 잘 벼린 보검이니 양인과 칠살의 조합은 큰 권력자의 길이다.

솔루션 20. 자기 자신과의 약속을 잊지 않는다

그렇다면 어떻게 하면 양인가살과 같은 강력한 권력을 지닐 수 있는 사람이 되는지, 큰 권력을 얻는 자의 마음의 구조가 무엇일까를 조망해보자.

먼저 양인은 어떤 기여를 하는가? 양인의 기질은 실패를 두려워하지 않는 것이다. 양인의 가장 큰 특징, 단점이자 장점은 소소한 현실적인 이익에 연연하지 않고, 큰 목표를 위해 작은 희생을 감수하는 것이다. 살을 내주고 뼈를 취하는 것이 양인이다. 그것은 세간의 필부(匹夫)들 눈에는 도전, 임전(臨戰)에 있어서 마치 실패를 두려워하지 않는 대담함으로 보인다. 그도 두렵고 아프다. 다만 더 큰 것을 위해 감수하는 것이다.

소확행이 유행하는 요즘 같은 시대에는 잘 어울리지 않는 것 같지만 마냥 그렇지도 않다. 좋은 직장, 좋은 대학, 좋은 스펙을 쌓거나 큰 시험에 합격하기 위해서는 동료나 벗들이 누리는 소소한 많은 것들을 희생하지 않고는 얻을 수 없다. 그것은 때로는 비정하게 느껴질 정도로 인간관계의 정리(情理)까지 포기해야 하는 것이니 소소하다고 표현했지만 결코 간단한 일은 아니다.

다음으로 칠살은 어떤 역할을 하는가? 정관과 비교해보면 정관은 세상과의 약속을 잘 지키는 것이다. 참 듣기 좋고 보기 좋은 말이다. 세상이 정해놓은 틀이나 법 같은 것, 게임의 법칙을 잘 따르는 것이다. 하지만 세상이 썩었다면, 법이 악법이라면 어떨 것인가? 소크라테스는 정관의 길을 따랐다. 하지만 아리스토텔레스는 사형선고를 받고, 몸을 피신해 자신의 목숨을 건졌다. 이때 아리스토텔레스의 말이 걸작이었다. 아테네 사람들이 또다시 철학자에게 죄를 범하는 일이 없도록 하기 위해 떠난다는 것이었다.

정관이 세상과의 약속을 잘 지키는 사람이라면 칠살은 자신과의 약속을 잘 지키는 사람이다. 정관이 소크라테스라면 칠살은 아리스토텔레스다.

한 기자가 한때 메이저리그를 호령하며 MLB 우승 반지를 2개나 가진 최고의 마무리 투수 김병현 선수에게 물었다. "그렇게 높은 곳까지 오를 수 있었던 원인이 무엇이라고 생각하는가?" 그의 대답은 간단했다. "나 자신과의 약속을 반드시 지키려고 노력했다." 가장 높은 권력과 명성을 얻는 것은 무엇보다 자신과의 약속을 잘 지키는 데 있다.

실패를 두려워하지 않는 기백, 큰 목표를 위한 소소한 희생의 감수, 즉 작은 욕망의 희생, 다음으로 스스로 옳다고 믿는 도리를 반드시 지키고 자신과의 약속을 잘 지키는 것, 이것이 양인가살의 마음이며, 남들이 가보지 못한 경지에 이르게 하는 것이다.

06

인생에서 가장 얻고 싶은 것들을
가지는 사람들

5년 전 나를 찾아왔던 전문직에 종사하는 여성 K씨는 실제 나이보다 훨씬 어려 보였다. 30대 후반의 나이인데, 과장해서 표현하자면 대학생으로도 볼 수 있을 것 같았다. 그녀에게는 여러 명문가에서 선 자리가 들어왔다. 병원장 아들도 있었고, 카이스트 출신의 유망한 사업가도 있었다.

하지만 정작 K씨는 그 남자들에게 관심이 없었다. 어린 시절 경제적으로는 넉넉했지만 부모님이 선교사로 외국을 떠도는 바람에 한곳에 정착하지 못하고 가족끼리 떨어져서 살아야 했던 나름 힘든 가족사를 갖고 있었다. 그래서인지 다른 조건보다 말이 잘 통하고 다정다감한 남성을 찾았다. 거기에 꿈이 크고 바른 사람이면 좋겠다고 하니 쉬운 듯하면서도 어려웠다.

여자의 사주를 보니 드물게 좋은 사주였다.

"선생님은 삼기득위의 사주입니다. 이미 왕후의 기운이 서린 사주이니 어떤 남자를 만나도 왕처럼 성공시킬 힘이 있네요."

삼기득위의 사주는 지금 당장 눈에 띄지 않더라도 스스로 조금씩 성장해 소위 로열로드(Royal Road)를 걸어가는 힘이 있다. 지금은 왕조시대가 아니니 법조계든 과학 분야든 문화예술계든 어떤 분야에서든지 가장 높은 지위, 가장 큰 힘을 가진 지위까지 올라갈 수 있다는 것이다. 삼기득위의 특성상 남자보다 여자에게 더욱 좋다.

세상의 기준에 너무 얽매이지 말고, 지금 당장 많은 것을 갖춘 사람보다 현재 본인이 생각하는 바대로 자질이 아름다운 사람을 선택하라고 했다. 선하고 온화한 미소를 짓고 돌아가는 그녀를 보니 나의 마음까지 편안해지는 기분이었다.

삼기득위, 왕후와 일품(一品)의 귀인

삼기득위(三奇得位)란 세 가지 기특(奇特)한 지위를 얻었다는 것이다. 세 가지 기특한 것은 정재, 정관, 정인이라는 세 가지 길한 별이다. 이것을 사주에 담았다는 말이다. 거칠게 정리하자면 정재는 바른 재물, 정관은 바른 관직, 정인은 바른 인성(혹은 학문)을 의미하는 별이다.

4대 길신 중 식신 하나만 빠진 것인데, 이 3자가 서로 다투지 않으면서 모두를 균형 있게 갖춘다는 것은 매우 어려운 일이다.

삼기득위는 모범적인 삶의 태도를 갖춘 사주로, 특히 여성이 이러한 구조를 갖고 있으면 왕후가 되고, 남자는 일품의 귀를 누리게 된다고 했다.

삼기득위는 편(偏, 한쪽으로 힘이 쏠림)을 버리고 정(正)을 택했기 때문에 이로공명(理路功名, 색다른 길을 통한 성공과 명예)을 취하지 않는다. 특별한 길로 가려 하지 않고, 기존에 닦여져 있는 길을 걸어가는 사람들이다. 따라서 기존 사회질서 내에서 실력을 발휘하는 사람들이 많다. 정통적인 사회에서 이러한 사주 구조는 더욱 강력한 힘을 발휘했다. 정통적인 사회는 수백 년 동안 같은 체제, 시스템 안에서 구동되는 사회였다. 윗사람들의 권력과 재물은 견고했고, 그들을 통하지 않고 정보를 취할 방법도 없었다.

그러한 관점에서 보면 현시대에는 삼기득위가 장점만 있는 것은 아니다.

세상이 많이 바뀌었다. 당장 5년 뒤를 내다보기도 어려운 시시각각 급변하는 사회가 되었다. 변화에 유동적으로 잘 적응하는 사람들이 살아남고, 경쟁력을 갖추는 사회가 된 것이다.

경제적인 부문을 넘어 정치사회적인 부문도 마찬가지 아닌가? 특히 우리나라는 5년마다 정치체제가 바뀌고 있다. 어제 권력을 가진 사람이 오늘 감옥에 있고, 오늘 권력을 가진 사람이 내일 어떻게 될지 모른다. 사회적인 가치 기준도 마찬가지다.

따라서 삼기득위와 같은 태도는 지금은 삶의 기본으로 생각하는 것이 좋다. 한 가지 직업을 평생 이어나가면서 번 돈을 테두리 내에서 아껴 저축하고, 올바른 도리를 따라 윗사람들에게 잘 배우고 불평불만을 갖지 않고 성실하게 살아가는 태도, 이것은 기본적인 것이지 더는 영구적 평안과 특별한 지위를 보장한다고 보기는 어려울 것이다.

솔루션 21. 먼저 정석을 알아야 고수가 될 수 있다

물론 기본을 먼저 갖추지 않고, 기본도 없이 특별한 것만 바라는 사람들과는 비교할 수 없는 차원에 있는 사람들이기는 하다. 현대 사회는 기본만 가지고는 힘든, 기본에 특별함까지 갖춰야 하는 상황인데, 그것을 오인해서 특별함만을 추구하다가는 1층도 짓지 않고 3층 누각을 세우려는 어리석음을 범하게 될 것은 자명하다. 물려받은 재산이 많으면 금수저라고 하는데, 타고난 인격에도 금수저가 있다. 삼기득위는 태어난 집안의 부유함과 무관하게 그 천성적인 기질이 마치 금수저와 같은 황족의 품격을 가진 것이다.

일정 기간 바른 인성을 닦고, 누군가의 지시를 따르면서 배우고, 성실하게 돈을 벌어서 아껴 쓰는 법을 배우고, 부모님을 비롯해 그동안 도움을 받았던 사람들에게 보답하는 경험을 해야 한다는, 인간의 기본을 강조하는 측면에서 삼기득위의 가치는 더욱 빛나는 것이다. 바둑계의 격언을 반복하는 것으로 마무리에 갈음하자면, "정석만으로는 고수가 될 수 없다. 하지만 정석을 모르고는 결코 고수가 될 수 없다." 하나의 운명도 마찬가지다.

6장

운명의 위기 극복

01

자기 밥그릇과
복을 차버리는 운명에 관하여

P씨는 등단한 지 오래된 꽤 실력 있는 작가였다. P씨의 고민은 나이 차가 많이 나는 늦둥이 어린 여동생이었다. 여동생과 함께 오지는 못하고 사진을 가지고 나를 찾아왔다. 그녀는 나이에 비해 지나치게 어린아이 같은 표정을 하고 있었고, 마치 중세시대 공주처럼 알록달록 레이스가 달린 옷을 입고 있었다.

여동생은 몇 년 전부터 이러고 다닌다는 것이었다. 그녀는 첫 직장생활에 잘 적응하지 못하고 P씨를 따라 작가가 되겠다며 직장을 그만두고 몇 년 동안 공모전에 도전하다 그것마저 실패한 이후로는 그렇게 자신만의 세계에 빠져버렸다고 한다. 돈이 생기면 비싼 옷을 아무렇지도 않게 사 입고, 사람들이 모두 자기를 좋아한다는 착각에 빠져 지냈다. 그러다 한 번씩 우울증을 앓기도 했다. 내가 해결할 수 있는 수준은 아닌 것 같으니 정신과에 다녀보라고 했지만, 그래도 찾아온 김에 사주를 풀어보기로 했다.

그녀는 상당히 난관이 많은 편인도식의 사주였다. 실상 이 편인도식의 사주는 고전에 이미 걸인(乞人) 사주로 유명하다. 하지만 편인도식은 숨은 장점도 많은 사주다. 마음 한 번 바꿔먹어서 분발하면 남다른 업적을 이룰 수도 있는 사주다. 나는 최대한 그 재능을 되살릴 수 있는 방향으로 P씨에게 사주를 풀어주었다. 그리고 앞으로 ○○년 이후로 대운이 바뀌면 조금씩 나아질 것이고, 중장년기부터는 상당히 큰 명예를 얻을 운이 있다는 것도 일러주었다. 어떻게 보면 시간 싸움이기도 했지만, 근본적으로는 마음을 어떻게 돌리는가의 문제였다.

편인도식, 너무 무거워진 머리

편인도식(偏印倒食)이란 무엇인가? 도식(倒食)은 밥그릇을 뒤엎는다는 뜻이니 편인이 밥그릇을 뒤엎는다는 말이다. 오신 중 하나인 식신(食神)은 먹을 복을 비롯해 복록 전반을 이야기하는 길성(吉星)이다. 그런데 이러한 길성을 갖추고 있는데, 이것을 극하는 별을 만나면 이 복록이 사라지게 될 것이다. 음양이 같으면서 식신을 극하는 별이 바로 편인이다. 식신이 불이라면, 편인은 물이다. 식신이 나무라면 편인은 도끼다. 남자와 남자, 여자와 여자처럼 음양이 같을 때 그 극하는 정도는 훨씬 심각하게 된다.

따라서 식신이 있는데 다시 편인을 만났을 때, 특히 여러 편인을 만났을 때 편인은 자기 밥그릇과 복을 차버리는 일을 벌이니 심지어 편인의 다른 이름이 도식이기도 하다.

이러한 사주 구조를 갖고 있는 사람들은 기질과 습성에 어떤 문제를 갖고 있기 때문에 자기 복을 차버리는 결과를 낳을까?

먼저 식신이라는 별의 강점부터 간단하게 다시 살펴보고 넘어가자. 식신은 원만함과 연구심이라고 했다. 연구도 창의적인 연구, 자신이 좋아하는 분야에 몰두하는 연구다. 원만함의 대명사이니 화해의 별이고, 만사를 늘 자연스럽게 물이 흘러가는 것처럼 순리대로 처리하는 사람이다. 또한 부지런한 노력의 별이기도 한데, 억지로 하는 것이 아니라 좋아서 하는 일을 말한다. 그러니 자연스러운 성공을 거두고 복록을 누리며, 당연히 식록으로 대표되는 재물운도 좋아진다.

그런데 편인성이라는 도식의 별이 많아서 식신을 공격하면 어떤 일이 벌어지는가? 편인성은 생각 더하기 생각의 별이며, 일반적인 생각이라기보다는 비현실적이고 공상에 가까운 생각들이다. 좋은 쪽으로는 독특한 아이디어이기도 하지만, 또 많은 경우 실현 가능성이 없는 망상에 해당하기도 한다. 망상에 빠지거나 지독히 거듭되는 생각들은 인간이라는 유기체를 어떻게 변모시키는가?

소위 헛짓거리를 하게 만든다. 인간에게는 시간, 돈, 건강이라는 유한한 자원이 있다. 이 유한한 자원을 효율적으로 쓰지 못하면 가난해지는 것이다. 망상으로 보낸 시간들의 당연한 결과물이다. 또한 많은 생각은 자연스러움을 잃어버리게 만든다. 순리대로 처리하는 것이 아니라 부자연스럽고 무리한 일들을 벌여서 주위의 빈축을 사고 자가당착에 빠진다. 자신이 할 수 없는 일을 하려 들고, 과도하게 하려 들며, 그 반작용으로 아무것도 할 수 없는 무기력에 빠진다.

마라톤으로 따지면 오버 페이스로 중도에 퍼져버리는 셈이다. 그리고 퍼진 상태에서 또 생각에 생각만 거듭한다. 생각에는 굉장히 많은 에너지가 소모된다. 1.4킬로그램에 불과한 뇌, 그러니까 인체의 약 2%를 차지하는 두뇌가 신체 에너지의 20%를 소모한다고 한다. 생각에 대부분의 에너지를 활용하니 생산적인 일을 할 수가 없다.

다시 식신이라는 별은 칠살이라는 맹수를 제압하는데, 식신이 약해지면 칠살의 관재수, 사건·사고가 벌어진다. 자연스러움과 원만함을 잃어버리고 망상에 빠져 사회에서 통용되지 않는 무리한 일을 벌이니 사고가 나고 법적인 제재를 받는 것이다.

솔루션 22. 그 누구도 완벽한 인생은 없다

편인도식의 폐해를 해결하는 방법은 두세 가지 정도로 정리할 수 있다.

먼저 생각을 줄이고 행동·실행하는 것이다. 완벽한 계획과 이상의 실현이라는 망상을 버려라. 망상에 빠져서 되지도 않는 꿈속에서 만리장성을 쌓지 말고 지금 현재를 보라. 매일의 루틴을 만들어 그냥 따라야 한다. 이건 이게 부족하고, 저건 저게 부족하고, 예민하게 굴지 말고 그냥 실천하라. 모두 그렇게 참고 견디면서 하루를 살아내고 있다. 그러한 사람들이 꿀처럼 달콤한 휴식과 식록과 복록이라는 열매를 즐길 수 있다.

다음으로 너무 의식하지 말고 너무 배려하지 말라. 편인의 생각은 이것저것 예민하게 구는 것이기도 하지만, 남을 배려하는 마음이 과한 경향으로도 나타난다. 남의 시선을 의식하는 것이 좋은 말로 하면 배려이지만, 수치심에 민감하고 욕먹기 싫은 마음이 과잉된 것이다. 그 모든 것이 병적인 상태다.

삶이라는 링에 올라서 한 대도 맞지 않는 권투 선수는 없다. 과도한 생각은 에너지를 절대적으로 소진하게 하니 사람을 약하게 만든다. 편인의 병에 젖은 사람들은 자괴감에 빠져 움츠러들어 있고, 실행은 하나를 하고 생각만 아홉을 하니 삶에 재미가 없다.

끝으로 자기중심을 갖는 것이다. 편인과 식신의 다툼을 해결하는 것이 동류의 기운이기 때문이다. 이 말이 복잡하면 업을 가져라. 죽을 때까지 흔들리지 않을 자기만의 업을 가진 사람들은 편인으로 인한 방황을 최소화할 수 있다.

정리하자면 자신이 편인도식과 같은 구조적 함정에 빠져 있다고 생각한다면 다음과 같은 처방을 참고할 필요가 있다. 완벽한 확신,

완벽한 준비, 완벽한 계획은 없다. 실천을 통해 현존해야 한다. 뛰면서 생각하라. 일단 망상과 잡념으로 가득한 생각을 중단하고, 매일 실천의 루틴을 지켜야 한다. 식신은 표현이고 실천이다. 자기중심을 갖고 세상에 표현하고 실천하면서 아주 작은 성과라도 매일 확인하면서 나아가는 것, 그것이 편인도식, 망상의 지독한 악순환이라는 지옥을 탈출하는 길이다.

02

중독으로 삶을
잃어버리는 사람들

내가 한때 단골로 드나들던 L식당이 있었다. 음식점 겸 주점이었는데 규모가 작은데 간판도 잘 보이지 않아 도심 속에 조그맣게 있는 듯 없는 듯 숨어 있는 것 같은 식당이었다. 사장님은 한때 시내에서 큰 레스토랑을 운영하기도 했었다. 3년 전쯤 자식들을 모두 출가시키고 난 후 노후를 편안하게 보내기 위해 돈 욕심 안 부리고 혼자 소일거리로 할 수 있는 조그만 음식점을 마련한 것이다.

그 일대는 회사가 없는 주택가였으며 대형 마트와 화려한 식당들이 많았는데, 골목으로 조금 접어 들어가 있는 그 식당은 단골들만 아는 아지트 같은 곳이었다. 혼자서 먹고 가는 손님이 많았기에 사장님은 단골들과 대화를 많이 나눴다. 손님들의 분위기를 봐서 조용히 있고 싶어 하면 말을 걸지 않고 혼자 신문이나 텔레비전을 보았기 때문에 불편할 일도 없었다.

그런데 다 좋은데 사장님이 술을 너무 좋아해서 늘 코가 빨간 것이 걱정이었다. 나와 친해지면서 생년월일을 알게 되었는데, 군겁쟁재의 문제가 심각한 사주였다. 대운의 흐름이 다행히 병을 제거해주는 운으로 수십 년을 흘렀기 때문에 오히려 큰돈을 벌고 문제가 드러나지 않았던 것이다. 그런데 3년 전부터 안정된 운이 들어온 것이 아니라 운이 확실히 꺾이기 시작했고, 그 운은 만년까지 꽤 오래 이어졌다. 하지만 그때 차마 그 말은 할 수 없었다.

"사장님 약주 좀 적당히 잡수세요. 건강 조심하라고 나오네요."

"술 하루 이틀 먹나. 내가 알아서 먹으니 걱정하지 마."

내가 할 수 있는 말은 그것뿐이었다. 일이 바빠지면서 몇 년 못 나갔는데, 오랜만에 찾으니 가게가 바뀌어 있었다. 서운한 마음에 돌아서면서 그때 왜 좀 더 강하게 말하지 않았던가, 후회스러운 마음도 들었다.

군겁쟁재, 현재를 잃어버리다

군겁쟁재(群劫爭財)란 무엇인가? 사주에는 일간인 나와 같은 오행이면서 음양이 다른 것이 있다. 내가 큰 거목이라면 화초, 내가 큰 바다라면 시냇물·안개비 같은 것이다. 이러한 것을 겁재라고 하는데, 이것은 나와 같은 동류이니 나의 형제·친구에 해당하기도 한다. 사자성어에는 겁재를 이야기하고 있지만, 비견도 겁재와 비슷한 영향을 미치니 오신으로 비겁 전체의 문제를 다룬다고 보아야 할 것이다.

이러한 비겁이 지나치게 많은 사람은 재성이라는 밥그릇을 놓고 여러 형제가 싸우는 격이다. 지금이야 형제가 적지만 1960~1970년대는 형제가 7~8명인 경우도 흔했다. 형제·친구는 본래 자신에게 힘이 되는 좋은 것으로 장점이 더 많겠지만, 과하면 단점으로 작용하니 자신의 밥그릇을 놓고 싸우게 되어 자연 가난해지는 것이다.

이것은 비단 환경만의 문제가 아니다. 겁재라는 별이 많은 사람들 혹은 사주에 겁재가 강한데 다시 겁재의 운을 만난 사람들은 가난해지거나 자기 파괴적으로 변모하기 쉽다. 이것을 군겁쟁재라고 한다.

군겁쟁재는 어떠한 마음의 구조로 인해 실패를 겪는지 살펴보자. 군겁쟁재는 왜 중독에 빠져들고, 중독에서 헤어나지 못하는가?

자신의 기운을 뜻하는 겁재라는 별이 일정 이상으로 많은 사람은 세 가지 특성이 있다. 첫째 오만하고, 둘째 비현실적인 망상이 있고, 셋째 불성실하다. 이러한 군겁(群劫)은 무서운 바이러스와 같아 여기에 빠지면 자가면역 질환에 걸린 환자처럼 스스로를 좀먹고 파괴한다.

2019년 초에 〈마약왕〉이라는 영화를 보았다. 어쩌면 당시 한동안 소란스러웠던 마약 사태의 신호탄 역할을 한 영화인지도 모르겠다. 세상의 운명에도 우연이 없으니까 말이다. 나는 이 영화를 극장에서 봤는데, 송강호의 연기는 일품이었지만 영화 자체는 그다지 흥행에 성공하지 못한 것으로 알고 있다. 마약의 위험성을 강조해야 하는 연출진의 강박 때문인지 영화의 후반부로 갈수록 거의 공포영화에 가까운 분위기를 풍긴다.

영화에 등장하는 마약중독자의 참상은 이루 말할 수가 없다. 마약 제조업자로 나오는 배우가 그 세계를 떠나면서 하는 말이 인상적이다. 마약에 빠지면 제일 먼저 마누라를 잡아먹는데 그게 제일 꼴 보기 싫다는 것이다. 실제 영화에서는 연인이나 배우자를 처참하게 폭행하는 장면들이 많이 나온다.

비단 마약뿐이겠는가? 도박중독으로 패가망신하는 사람들은 자기 부모가 돌아가셔도 도박장을 떠나지 못한다고 한다. 흡연으로 주위 사람들의 눈치를 받고 자기 장기도 망가뜨리면서 담배를 끊지 못한다. 술로 계속되는 실수를 하고, 몸이 천근만근으로 다음 날 출근하기도 어려워하면서 술을 끊지 못한다. 음주운전과 주폭으로 인한 범죄는 얼마나 많은가? 마약은 드물기라도 하지, 알코올로 인한 피해는 우리 자신과 이웃의 일상으로 자리 잡았다. 근본적으로는 현시대를 사는 대중들의 생활양식, 중독에 관대하고 심지어 조장하는 문화 자체가 바뀌어야 한다.

솔루션 23. 죽어야 끝나는 중독을 직시하라

군겁쟁재의 사람들은 왜 중독에 빠져서 자신의 삶을 파멸로 몰아넣는가? 그 메커니즘을 좀 더 자세히 들여다보면 대책도 자연스럽게 알 수 있다.

첫째, 자기 기운이 강하기 때문에 언제든 자신이 마음먹은 대로 상황을 통제할 수 있다고 여기기에 오만하다. 자기 현재 모습과 실력, 자산은 경차인데 마음은 언제나 대형 세단이다.

둘째, 동류의 기운만 강한 사람들은 남들과 진정으로 교류하지 못하기 때문에 자기 생각에만 갇혀 망상에 빠져 지낸다.

그 망상은 계속 자기애로의 도취, 자아 확장의 방향으로만 자가 발전을 하여 하나의 거대한 안개를 형성해 현실을 가려버린다. 정치든 스포츠든 자신이 응원하는 쪽 글에만 심취해서 객관성을 잃어버리고, 점점 사이비 종교에 빠진 사람처럼 되는 것과 같다. 이 환상을 유지하기 위해서라도 중독이 필요하다. 악순환이 이어지는 것이다.

셋째, 겁재는 재성을 겁탈(劫奪, 폭력적으로 빼앗음)하는 별이다. 재성은 재물과 현실을 의미하기도 하고, 성실성을 의미하기도 한다. 그래서 겁재의 별은 성실하지 않다. 매사 불규칙해 일정한 노동을 하지 않거나 한곳에 안주하는 일정한 직업이 없다.

정리하면 오만함은 중독을 시작하기에 좋은 조건이다. 망상과 불성실은 중독을 유지하기에 좋은 조건이다. 또한 오만함 역시 중독을 끝맺지 못하도록 한다. 언제든 중독을 통제할 수 있다고 오만하게 여긴다. 현실에서 즐거움을 찾지 못하고 망상 속에 빠져 살기에 중독을 계속해야 한다.

군겁쟁재는 도박수이기도 하다. 불성실함과 망상은 남들처럼 힘들게 열심히 살지 않아도 일확천금을 노리거나 한 번에 전세를 역전하는 길이 있다고 믿기에 중독을 끊을 수 없다. 언제든 끊을 수 있다는 오만함은 중독을 끊을 수 있도록 분발하려는 마음을 망가뜨린다.

대중들은 중독으로 바닥 생활을 하는 사람들을 보면서 그들이 비굴하고 가진 것 없어 겸손할 것이라고 착각한다. 그들 대부분은 일반인들보다 훨씬 자존심도 세고 뿌리 깊은 오만이 있다. 오히려 정상적인 방법으로 일정 이상 성공한 사람들이 대부분 겸손하고 세상을 무서워할 줄 안다. 그렇기에 성실한 것이다.

군겁쟁재를 타고났다면 사주를 바꿀 수 없지만, 그러한 마음가짐을 바꾸면 운명을 바꿀 수 있다. 앞서 언급한 군겁쟁재의 세 가지 마음을 잘 다스리면 중독의 해악에서 어느 정도라도 빠져나올 수 있을 것이다.

이러한 마음 구조를 가진 사람에게 운명학 구조를 고려해 한 가지 팁을 주자면, 남들처럼 사는 것이 도저히 불가능할 것 같다 싶으면 정말 좋아하는 일을 찾기 바란다. 겁재의 성정은 자신이 좋아하는 일에는 심취할 수 있어 전문성으로 입신(立身)할 수 있기 때문이다.

하지만 그것으로 일반적인 성실성 문제는 대체할 수 있다 하더라
도 망상의 콩깍지를 벗어야 하는 것과 오만함을 다스리는 것의 필
요성이 없어지지는 않는다.

03

나를 억누르는
거대한 세력을 깨뜨리는 힘

5~6년 전 오랜만에 Y형이 나를 찾아왔다. 같은 학과 선배였는데 1980년대 초반 학번으로 운동권계의 거물이었던 그도 나이를 먹으니 약해지는 모양이었다. 그는 다른 열혈 운동권 선배들과 달리 정치권이나 시민단체가 아닌 일반 회사에 들어가서 나름 성실하게 잘 다녔다. 그런데 업종을 밝히기는 곤란하지만 회사에서 무슨 문제라도 생긴 모양이었다. 노총각으로 힘겹게 결혼해서 가정의 무게도 있는데, 자칫하면 내부고발자가 되어 한바탕 분쟁이 일어날 판이었다. Y형의 사주를 처음으로 펼쳐 보았다.

"일장당관이라 피할 수 없는 싸움이긴 하네요."

"그렇지. 그냥 넘어갈 순 없을 거라고 나도 생각했어."

Y형은 그렇게 말하면서도 표정이 어두워졌다. 어린 자녀들의 얼

굴이 스치고 지나간 때문이었을 것이다.

"하지만 형, 싸움에도 여러 종류가 있잖아요. 너무 걱정 마세요. 현명한 싸움을 하시면 됩니다."

Y형은 고개를 번쩍 들었다. 일장당관은 앞서 말한 양인가살과는 달리 현명한 지혜와 영리함이 있다. 그것을 살린다면 유혈극을 벌이지 않고도 승리할 수 있을 것이다.

나는 그와 함께 오랫동안 구체적으로 어떤 전략을 펼칠지 치밀한 작전을 세웠다. 선배는 게임을 하듯 즐거워했으며, 돌아갈 때는 훨씬 표정이 밝아져 있었다. 일장당관의 사주에 그것을 뒷받침해주는 운이 있었기에 가능한 일이었지만, 보름 뒤에는 잘 해결되었다는 소식과 함께 밥도 얻어먹게 되었다.

일장당관, 장비가 홀로 조조의 대군을 이길 수 있을까?

일장당관(一將當關)은 사주에 놓여 있는 여러 위기를 하나의 힘으로 해결하는 것이다. 큰 세력이 나를 위협할 때 한 가지에 힘을 집중해 그 위기를 해결하는 것이다.

『삼국지연의』에서 유비는 유표의 형주에 몸을 의탁하고 있다가 조조의 대군이 형주를 공략하자 부하 장수는 물론 자신을 따르는 많은 백성을 데리고 피난을 간다. 속도는 느리고 조조의 대군은 급박하게 몰아치니 일순간에 유비군이 풍비박산이 나고 마는 것은 정해진 수순이었다.

이때 장비가 장판파라는 다리에 홀로 버티고 서서 조조의 대군을 물리친 일화는 유명하다. 대군을 물리친 하나의 장수, 이것은 어떻게 가능한가?

우리 인생에서도 이런 순간이 많이 있으니 당연히 운명학에도 이와 관련된 사자성어가 있을 것이다. 사주명리학 용어에 일장당관이라는 것이 있다. 나의 사주에 관살이라는 별이 많아 위기에 처했을 때 그것을 일점의 식상이 버티고 서서 그 위기를 막아주는 것이다. 관살이라는 것은 나의 일신을 극하는 별이다. 맹수와 같은 것이니 하나만 있어도 위기에 처할 수 있다. 그런데 그것이 2개, 3개가 된다면 혹은 운의 흐름에서 거듭 만난다면 큰 위험에 처한 상황이 된다.

이렇게 관살이 많은 사람은 어려운 직장 상사 혹은 클라이언트를 만난다거나, 일이 너무 많다거나, 길에서 건달을 만난다거나 하는 위험에 처하기 쉽다. 여성은 폭력적인 남편으로 인해 고생할 수 있고, 남자는 힘든 군대생활이나 조직생활을 감내해야 할 수도 있다.

그런데 여기에 일점의 식상이라는 별이 있다면 그러한 위기를 이겨낼 수 있다. 식신·상관은 창조의 별이고, 융통성의 별이며, 직장에서는 부하, 여자에게는 자식에 해당한다. 식상은 관살이라는 별을 저격한다. 관살이 불이면 식상은 물이고, 관살이 나무이면 식상은 도끼다. 천적 관계라는 말이다. 꿩 잡는 게 매라는 말이 있다.

어떤 일을 수행하는 데 가장 적합한 방법은 따로 있다는 말이다. 풀기 힘들어 보이는 문제, 두려운 문제도 꿩 잡는 매가 있는 것처럼 적절한 해결책이 있는 것이다.

솔루션 24. 도망가지만 않는다면 위기는 나를 무너뜨릴 수 없다

이것을 현실에 적용해보면 관살이 많다는 것은 나의 사고가 지나치게 경직되어 있고, 두려움에 휩싸여 점점 더 수렁에 빠져드는 것이다. 맹수를 만나면 도망이라도 가든지, 나무 위에 올라가든지 어떤 창조적인 지혜를 발휘해야 하는데 너무 무서워 다리가 얼어붙은 것이다.

예를 들어 박창진 승무원이 대한항공 경영진의 갑질을 그냥 참고 넘기기만 했다면 어떻게 되었을까? 폭력 남편에게 시달리는 여자가 자식을 생각해서 참고 견디기만 한다면 모자의 미래는 어떻게 될까? 왕따를 당하는 학생이 보복이 두려워서 맞기만 한다면 그 아이의 가슴에는 어떤 학창 시절이 남아 있을까? 부당한 관살의 폭행을 참고 견디기만 한다면 일생을 망치거나 어두운 기억에서 벗어나지 못할 수도 있다.

관살의 천적은 말이며, 표현이며, 행동이다. 직접적으로 맞서라고 강권하는 것이 아니다.

식상은 맞서기는 하되, 창조적인 지혜와 융통성을 발휘해서 맞서는 것이다. 여자는 자식과 연대하고, 남자는 부하직원을 비롯해 자기 세력을 만드는 것이고, 단단한 조직에 갇힌 자는 언론과 같은 미디어, 자신을 대변해줄 수 있는 스피커를 이용하는 것이다. 얼어붙지 말고, 호랑이에게 물려가도 정신만 차리면 산다는 지혜를 발휘하라. 오행의 상생상극 관계에 의하면 그 무서운 관살도 하나의 식상으로 맞설 수 있다는 것이다.

장비가 아무리 전투의 신인들 수천수만에 달하는 조조의 대군과 싸워서 이길 재간은 없다. 하지만 그는 다리에 버티고 서서 뒤에 자신을 도와줄 군대가 있는 것처럼 허장성세를 부리며 한 번에 한 사람밖에 상대할 수 없는 다리의 길목을 막고 사자후 한 번으로 대군을 물러가게 만들었다.

강렬한 기백이 좌중을 압도하니 하나가 도망가자 귀신을 본 것처럼 나머지가 함께 도망가며 서로 짓밟혀 죽은 군사가 숱하게 많았다. 도망가면서 조조는 일전에 관우가 적장의 목을 마치 감을 따서 주머니에 넣는 듯하다던 장비가 바로 저 장수였구나 하고 혀를 내두른다. 그렇게 새로운 길이 열린다. 물론 연의는 소설이지만, 인간사에서도 이러한 경우는 많다.

위기에 좌절하거나 도망가지 않으면 오히려 위기는 사람을 집중하게 하고 강하게 만든다. 그때 영글어진 하나의 기백이 기세를 바꿔놓으면 그다음부터는 와르르 무너지게 만들 수 있다. 그러니 포기하지 말아야 한다. 다만 이때 지혜를 발휘해야 한다. 두려움은 지혜를 흐리게 만드는 것이다. 먼저 두려움에서 빠져나와야 한다.

『자치통감(資治通鑑)』이라는 역사서의 저자로 유명한 송나라 시대의 학자 사마광(司馬光)의 어린 시절 일화는 유명하다. 친구들끼리 모여서 놀다가 한 아이가 큰 물독에 빠졌다. 아이는 발이 닿지 않는 독 안에서 숨이 꼴딱 넘어가고, 친구들은 물독 입구에서 아이를 꺼내려고 아무리 낑낑거려도 힘에 부쳐 꺼낼 수가 없었다.

아이의 얼굴이 새파랗게 되었다. 그때 사마광이 마당에 있던 큰 돌을 집어 던져 항아리 밑동을 박살 내버렸다. 물이 빠지니 자연히 아이는 살아날 수 있었다. 여기서 두려운 물은 관살이고, 영리한 돌은 식상이다.

두려움을 장비의 기백 어린 장팔사모로, 사마광의 지혜의 돌로 부숴버려라. 그때 길이 열릴 것이다.

그리고 명리학 고전에서 말하는 일장당관은 지지에만 있는 것이 아니라 천간에 투간한 것을 말한다. 지지는 생각이고 느린 것이라면, 천간은 더욱 빠르며 행동이고 표현이니 겉으로 드러내는 것이다. 너무 길게 끌고 너무 길게 고민할 필요 없다. 지혜를 발휘해 행동하고 반드시 표현하라. 문제가 생기면 또 그때 고쳐나가면 된다. 하지만 끝까지 싸운다는 각오로 나를 억누르는 부당한 힘, 권력, 두려움, 좌절감과 싸운다면 반드시 전세를 바꿀 수 있을 것이고, 의형제 유비와 관우가 있는 성에 돌아가 편안한 휴식을 취할 날이 올 것이다.

04

일생 안주할 수 없는
나그네의 운명

사회생활을 시작한 지 얼마 되지 않았을 때 본 사주다. 공대를 나와서 대기업에 취업한 친구 J가 있었는데 상당히 친해서 자주 만나 살아가는 이야기를 나누고는 했다. 이 친구에게는 대학 때부터 좋아하던 여자친구 S양이 있었다. 잘될 듯 말 듯한 관계로 두 사람의 관계는 줄타기를 이어가고 있었는데, 하루는 변수가 생겼다.

S양이 외국의 대학으로 유학을 가기로 한 것이다. J는 크게 충격을 받고 나에게 그녀의 사주에 대해 물어보았다. 먼저 네 사주부터 보자고 하여 펼쳐 보니 여자에 해당하는 재성이 충(沖)을 맞아서 버티기 힘든 형국이었다. 그리고 여자의 사주를 보니 소위 별토리향에 해당했다.

"이런 여자를 만나는 것도 네 팔잔가 보다."

유학을 가기 전 사주를 봐준다는 핑계로 S양을 셋이서 함께 만났는데 흔히 보기 힘든, 녀석이 오매불망 그리워할 만한 미모의 소유자였다. 젊은 나이였으니 더욱 외모 중심으로 상상력으로 가득한, 자신만의 로맨스 드라마를 만들어내지 않았겠는가?

작전대로 나는 J를 추어주면서 두 사람의 사이를 더 가깝게 만들려고 노력했지만 애초에 헛수고라는 것을 알고 있었다. 술자리가 파하고 여자를 보낸 후 둘이서 어깨동무하고 집으로 돌아갈 때 나는 쓴소리일지언정 진실을 말해야 했다.

"야생의 새를 새장에 가두면 어떻게 되겠니? 네가 그 여자를 진정 좋아한다면 훨훨 날아가도록 내버려둬라."

J는 미련이 남은 듯 입맛만 다셨고, 나는 못을 박듯 이별의 말을 남겼다.

"별토리향, 이제 떠나면 고향으로 다시 돌아오지 못하리."

별토리향, 역마살의 빛과 그림자

별토리향(別土離鄕)은 무엇인가? 리향(離鄕)은 고향을 떠난다는 말이며, 별토(別土)는 새로운 땅을 밟는다는 의미다. 따라서 별토리향은 고향을 떠나서 새로운 땅을 밟는다는 것이니 바로 역마살에 관한 운명학 사자성어다.

교치역마(交馳驛馬)라는 말도 있는데, 이것은 서로 부단히 왕래

하는 역마를 말하는 것으로 역마살이 중중한 것을 의미한다.

이동수에 관한 사주 구조, 신살은 여러 가지가 있지만 여기서는 대표적인 신살인 역마살만 놓고 이야기하겠다.

역마살의 원칙적인 구성은 다음과 같지만, 반드시 이 원칙에 해당하지 않아도 사주에 인신사해(寅申巳亥)가 지지에 많으면 역마살의 성향을 갖는다.

연지(年支) 혹은 일지(日支)를 기준	연지, 월지, 일지, 시지 (하나만 있어도 해당함)
해묘미: 돼지, 토끼, 닭	사(巳): 뱀
인오술: 범, 말, 개	신(申): 원숭이
사유축: 뱀, 닭, 소	해(亥): 돼지
신자진: 원숭이, 쥐, 용	인(寅): 호랑이

예를 들어 나의 일지가 돼지, 해(亥)인데 연지나 월지, 시지에 사(巳)가 있으면 해당 지지가 역마살이며, 나의 연지가 해인데 월지나 일지, 시지에 사가 있으면 해당 지지가 역마살에 해당한다.

역마살은 띠로 따지면 호랑이, 뱀, 원숭이, 돼지에만 임하는 것이다. 연월일시에 모두 띠가 있으니 사주팔자에 위에 해당하는 띠가 많으면 역마살의 기질이 강한 편이다. 역마의 원리를 모두 설명하기는 어렵지만, 간단히 말하자면 역마는 자신이 태어난 고향을 직접적으로 충(冲)하는, 즉 정면으로 상극이 되는 지지다.

자신이 태어난 고향을 직접적으로 공격하는 것이 역마살이라는 말이다. 그렇기에 역마살이 있는 사람들은 고향에 안주하지 못한다.

역마살이 강한 자리에 있거나 중중한 사람들은 별토리향, 고향을 떠나서 고향과는 완전히 다른 새로운 땅을 밟게 되는 것이다. 그리고 새로운 땅에서 죽을 때까지 사는 것이 아니라 지속해서 여러 새로운 땅을 밟을 가능성이 큰 것이니 역마살은 강력한 이동수에 해당하기도 한다.

도화살이 그랬던 것처럼 역마살도 과거에는 그다지 좋은 신살로 보지 않았다. 그 이유는 무엇인가? 지금이야 교통수단이 지극히 발달했고, 치안이나 여러 가지 면에서 안정적이고 생활에 여유가 있기 때문에 대표적인 여가 활동 중의 하나로 여행이 꼽히기도 한다.

하지만 과거에는 자신이 태어난 고향 마을을 떠난다는 것은 무척이나 어려운 일이었다. 호랑이나 산적이 득시글거리고, 마패를 갖기 어려운 일반인들이 도보로만 이동하는 과거의 여행은 매우 심각한 고난과 위험을 동반했던 것이다. 그렇기에 역마살이 좋을 리가 없다. 또한 역마살은 그 구조상 자신이 원해서 이동하는 것이라기보다는 경제적인 문제나 환경적인 문제에 의한 타동적인 이동이 많다.

그러나 현대에는 도화살처럼 이 역마살도 좋은 쪽으로 많이 해석되고 있다. 큰 사업은 해외를 오가거나 전국적으로 움직이는 일이 다반사이며, 짧은 인생을 살면서 세계 곳곳을 주유하는 것이

풍류처럼 여겨지기도 하니 말이다.

따라서 역마살은 빛과 그림자를 모두 가지고 있는 신살이다. 새로운 곳을 밟아보는 변화의 즐거움, 이동의 고난과 불안정이 공존하기 때문이다.

솔루션 25. 여행자는 배낭에 넣을 물건을 고민해야 한다

별토리향의 사주 구조, 역마는 다른 신살과 마찬가지로 자신의 의지로 바꿀 수 있는 요소가 적은 편이다. 개선하기보다는 다만 그것을 받아들이는 마음 자세의 문제만 남을 것이다.

역마살에 재물의 별이 붙으면 경제문제로 떠돌아다니니 세일즈맨이나 사업가가 많고, 학문의 별이 붙으면 유학을 가고 방방곡곡을 주유하며 강의를 한다. 역마살을 강력하게 가진 사람들은 순수하고 활동적이다. 다만 시작이 좋은 반면, 전체적인 그림을 보는 면모가 부족하다.

우리가 친구와 여행을 떠날 때 환상에 젖어서 좋은 면만 보기 쉽다. 크리스마스와 같은 특별한 날 연인들이 자주 다투고, 심지어 이별에까지 이르는 이유도 그와 마찬가지다. 특별한 땅과 특별한 날은 우리에게 즐거움보다 고통을 주기 쉽다는 것을 간과해서는 안된다.

냉혹한 현실과 함께 마음의 자세도 문제다. 환상에 젖은 기대가 현실과의 격차를 크게 만들고, 그것이 더 큰 괴로움을 안겨주기 때문이다.

낯선 땅을 향해 떠나고 또 떠나는 것은 충분히 멋지고 운치 있는 일일 수 있다. 그렇지만 새로운 세계로 떠나는 것에 대해 아름다운 풍광 이면의 것을 볼 수 있어야 한다. 불편한 화장실, 잠자리, 지갑이나 여권을 잃어버렸을 때의 황망함, 텃새를 부리고 무시하는 토박이들 등등.

처음만 보는 것이 아니라 중간 과정과 마무리까지 볼 수 있어야 하며, 순수한 이면의 부패함, 환상과 기대보다는 그것에 상응하는 혹은 그것보다 훨씬 더 큰 낯선 세계의 불편함까지 꼼꼼히 살펴야 한다.

별토리향, 새로운 땅을 자주 밟아야 하는 이동수가 많은 사람들 혹은 더 큰 세계로 떠나고자 하는 꿈을 가진 사람들일수록 환상을 버리고 냉철한 관점으로 모든 면에서 준비를 철저히 해야 한다는 말이다.

05

그물에 사로잡힌 운명의 대처법

1990년대 중반의 이야기다. D대 중어중문학과를 다니는 여학생 H가 있었다. 그녀는 독실한 종교인이었다. 까무잡잡한 피부에 키도 작은 편이었고 어린 나이이지만 강단이 있고 생각이 깊었다. 겉으로는 밝고 털털한 남자 같은 성격이었지만 남몰래 봉사 활동도 많이 하는 따뜻한 마음의 소유자였다.

『주역』을 공부하는 모임에서 만났는데, 나의 생일에는 잊지 않고 조그만 인형이 달린 열쇠고리를 선물하기도 했다.

공부 모임이 끝나고 몇 달이 흘렀을 때 함께 공부하던 선배로부터 H가 학교를 자퇴하고 직장을 다닌다는 이야기를 들었다.

그리고 다시 몇 년이 지났는데 우연히 2호선 이대역에서 지하철을 기다리다 그녀를 다시 만나게 되었다. 지하철을 몇 정거장 같이 타고 가다 H가 내리기 얼마 전에 나는 물었다.

"학교는 왜 그만뒀어요?"

그녀는 잠시 망설이다 미소를 띠고 답했다.

"누구나 자신만의 사정이 있는 거잖아요."

그렇다. 누구나 자신만의 사정이, 어려운 사정이 있다. 그 사정이 뭐냐고 물을 수는 없었다.

"생일이 어떻게 되세요?"

"왜요?"

"언젠가 복수해야죠. 제 생일 선물 사주셨잖아요."

그녀는 웃으면서 생일을 말해주었다. 이사를 다니며 열쇠고리는 잃어버렸고, 세월이 흘러도 복수의 기회는 돌아오지 않았다. 그날 집으로 돌아와 사주를 보니 그녀의 사주는 대운과 함께 천라지망의 구조에 걸려 있었다. 하지만 언젠가 이 구조에서 빠져나오면 다시 학교도 가고 새로운 길이 열릴 것으로 보였다. 당시만 해도 만세력 앱을 이용할 수 있는 스마트폰이 없었기에 사주 여덟 글자를 찾는 만세력이 가방에 없었던 탓으로 그 이야기를 해주지 못한 것이 못내 아쉬웠다.

천라지망, 해골의 자취마저 사라지다

천라지망(天羅地網)에서 라(羅)는 새를 잡는 그물을 의미하고, 망

(網)은 물고기를 잡는 그물을 말한다. 따라서 천라지망은 하늘의 그물과 땅의 그물을 함께 칭하는 말이다. 하늘과 땅의 그물이니 도저히 벗어날 수 없는 울타리에 사로잡힌 것과 같은 상황을 말한다.

천라지망의 천라(天羅)는 띠로 말하면 개와 돼지, 즉 십이지지로 술해(戌亥)를 의미하고, 지망(地網)은 띠로 말하면 용과 뱀, 즉 십이지지로 진사(辰巳)를 의미한다. 사주 내에 이것을 갖추고 있어도 해당하며, 운에서 만나도 역시 해당한다.

천라지망을 나쁜 살성(殺星)으로 보고 여러 가지 말들이 많은데, 심지어 살 중에 가장 무섭다는 백호대살(白虎大殺)보다 더 강력한 악살로 보기도 한다. 그리고 사주에 술해만 있으면 무조건 천라이며, 진사만 있으면 무조건 지망으로 보는 술사들도 있다.

물론 천라지망이 귀성(貴星)이라기보다는 살성으로 보는 것이 맞지만 천라지망이 심한 악살은 아니며, 본래는 화(병정)일간이 술해를 만난 것만 천라로, 수(임계)일간이 진사를 만난 것만 지망으로 보는 것이다.

이것은 모두 자기 자신에 해당하는 일간의 묘절지에 해당하는 것인데, 이 말은 일간을 십이지지의 순서에 따라 생로병사로 구분했을 때 묘(墓), 즉 무덤에 들어가고 절(絶), 즉 해골의 자취까지 사라진다는 말이다. 대표적 양일간과 음일간의 기운이 무덤에 들어가고 사라져버린 최약체일 때를 말하며, 목과 금은 해당하지 않는다.

양기나 음기가 완전히 끊어진 상황으로, 쉽게 치환하자면 일간의 기운이 완전히 끊어졌을 때 그물에 사로잡힌 것과 같은 어려움이 있다는 것이다.

이렇게 천라지망에 해당하면 일이 정체되고 현실적이고 세속적인 일에서 역량을 발휘하기 어렵다고 본다.

천라지망을 가진 사람들은 죽음, 사후 세계 같은 인생 이면에 대한 관심이 많고, 활동적으로 움직이기보다는 조용히 내면을 들여다보는 경향이 있다. 물론 천라와 지망에는 차이가 있으니 천라는 더 어둡고 예술적인 경향이 있고, 지망은 더 밝고 첨단적인 일과 미세한 일에 더 강점을 발휘한다.

둘 다 사람들을 살리는 소위 활인업에 종사하는 경향이 있는 것은 죽음과 깊은 관련이 있는 살성이기 때문이다. 천라지망이 사주에 있거나 운에서 만나면 일이 더뎌지는 것은 기운이 최약체의 상태에 있기 때문이기도 하며, 음에서 양으로, 양에서 음으로 전환하는 시기이기 때문이다. 천라지망의 특성을 가진 십이지지는 이외에도 미(未)와 축(丑), 띠로 보면 양과 소가 있다. 일간의 오행과 상관없이 이러한 십이지지를 많이 가진 사람들은 복합적이면서도 중용적인 성향을 가지고 있다.

솔루션 26. 새로운 탄생에는 의례적인 무덤이 필요하다

천라지망을 포함해 이러한 그물에 해당하는 지지를 무조건 악살이라고 보기는 어렵다. 사주 구조에서 전환기와 죽음, 이것을 비단 나쁘게만 볼 것은 아니기 때문이다.

이 시기 혹은 이 지지는 나비가 되기 전 고치에 들어가는 시간과 공간을 말한다. 세상에 자신을 함부로 펼치기보다는 충분한 성숙의 과정을 거치는 것이다. 숨어 있고 비활동적이며 성과가 없는 질곡(桎梏)의 시간들. 남들이 보기에는 저열하게 죽은 시간과 같이 보이지만, 자신에게는 내면을 기르고 실력을 기르는 시간이다.

두 세계를 잇는 다리의 역할 혹은 시간이기에 더 철저하게 과거의 자신을 무너뜨리는 고통의 시간을 갖는 것이다. 더 신중하게 복합적인 고려를 하고, 함부로 판단을 내리지 않고, 섣불리 자신을 내보이지 못하는 것이다.

다음 세계의 씨앗을 만드는 천라지망의 대운과 사주는 그렇기에 재평가되어야 한다. 지금의 1년이 미래의 10년을, 지금의 10년이 미래의 100년을 좌우한다는 것을 알면 어떻게 세속의 평가절하를 감내하지 않을 수 있으며, 함부로 망동(妄動)할 수 있을 것인가? 중요한 것은 눈에 보이지 않는 데 있고, 참으로 중요한 것은 눈에 잘 띄지 않는다. 개인이든 집단이든 날개를 달고 날아오르는 존재가 되는 데는 충분한 과정이 필요하다. 그 역할을 하는 것이 천라지망이다. 그래서 이것을 다른 말로 천문(天門), 곧 하늘로 통하는 문이라고 일컫기도 한다.

7장

운명학이 알려주는
평생의 지혜

01

초조와 불안으로 점철된 일생

30대 초반 마케팅팀의 회사 동료 Y가 사주를 보아달라고 한 적이 있다. 내키지 않았지만 거절할 명분도 딱히 없어서 풀어본 적이 있다.

Y의 사주를 보고 싶지 않았던 이유 중 하나는 그가 동료들 사이에서 그다지 평판이 좋지 못한 사람이었고, 나 역시 그 때문에 스트레스를 받았던 경험이 있기 때문이다.

공공기관에 제안서를 넣는 일이었다. 개발 업체로 선정되면 수억 대의 투자를 받을 수 있는 프로젝트인지라 가볍게 진행할 수 없었다. 제안서 두께만 해도 책 한 권 분량에 이르렀다. 급기야 제안서를 제출하기 전날에는 기획 부서와 마케팅 부서 일부 직원들이 회사에서 밤을 새워 두세 번 점검을 해야 했다. 나와 Y도 역시 새벽

5시까지 일하고 1시간 정도 눈을 붙이고 일어나 다시 일해야 했다.

다행히 제안서가 발탁되어 연말에 박수를 받고 보너스까지 챙기는 경사가 있었지만 그 과정에서 어려움도 없지 않았다. 그것은 Y의 태도 때문이었다. 졸다가 하는 일 없이 돌아다니면서 불필요한 자료를 내놓으라고 하거나, 같은 팀원인 주제에 마치 상사처럼 아이디어를 요구하기도 하고, 말을 걸면 신경질을 내고는 했다. 도움도 되지 않으면서 사람들을 닦달하는 그의 조급하고 성마른 성격 때문에 결국 자연스럽게 우리는 그를 배제하고 일을 진행했다. 모두가 예민해 있는 상황에서 서로 돕고 일해도 시원찮을 판인데, 사사건건 짜증을 내니 좋아할 사람이 없었다.

그의 사주를 풀어보니 화염토초의 사주였다. 우회적으로 어떻게 하면 운이 좋아질지 설명해주었지만 듣는 둥 마는 둥 했다. 퇴직금 욕심이었는지 1년을 채우고 나서는 회사를 그만두고 장사를 한다고 했다. 몇 년 후 들리는 소식에 의하면, 음식점을 했는데 잘되지 않아서 큰 빚을 지고 다른 직종을 택해 회사를 들어간다는 이야기를 들었는데 이후 어떻게 되었는지는 잘 모른다.

화염토초, 목마른 황무지에 서서

화염토초(火炎土焦)는 사주명리학에서는 앞서 언급한 편인도식과 함께 대표적인 걸인의 운명이다. 물론 요즘은 걸인이 별로 없으니 그냥 가난하거나 빚을 많이 지는 사주 정도로 해석하는 것이 좋겠다. 불은 타오르고, 흙은 불에 그슬러 지극히 말랐다는 말이다.

사주 여덟 글자의 구성이 불과 흙만 많은데, 흙도 마른 흙인 미(未)토와 술(戌)토만 있으면 이러한 화염토초의 구성이 된다. 혹시 나무가 있다고 해도 불이 너무 많아서 타버리면 역시 제구실을 못 하게 된다. 이렇게 편중된 구성을 가지면 다른 길신을 찾아보기도 전에 이미 중화가 무너져서 좋은 운명이 되기 어렵다. 물론 사주에 금과 수만 많아도 역시 오행이 편중되니 좋은 사주가 되기 어렵다. 여기서는 오행의 기후가 무너진 사주의 대표격으로 화염토초만을 예시로 든 것이다.

이러한 화염토초의 구성을 가진 사람 혹은 이에 가까운 사주 구성을 가진 사람들은 어떠한 성향을 지니게 되는가? 그리고 이러한 성향을 지닌 사람들은 왜 가난하게 되는가를 생각해보자.

화염토초는 물 한 방울 찾기 힘든, 오랜 가뭄이 든 황무지를 생각나게 한다. 이렇게 물이 없으니 생물이 자라날 수 없다. 생물이 자라날 수 없는 풍경을 가진 사주는 사람이 없고, 사람이 없으니 마을도 없고 거래할 재화도 없다.

유입되는 물줄기도 없고, 오랫동안 비도 내리지 않는다. 지독히 작열하는 태양만 있을 뿐이다. 이러한 사주는 조급한 성향을 갖게 된다. 조급한 마음을 가졌기 때문에 일의 방향과 우선순위를 어떻게 정해야 할지 모른다. 허둥댄다. 당장 지금의 일 처리에만 급급하다. 실제로 그가 다른 사람보다 더 많은 일을 맡은 것도 아니다.

그저 성격 자체가 허둥대는 것이다.

차분하게 우선순위를 정해서 하나씩 처리할 줄 모르고, 오늘 당장 지금 눈앞에 보이는 순서대로 일을 처리한다. 그러니 남들보다 더 많은 시간을 투자하고도 더 비효율적으로 일을 처리하는 것이다. 단기적인 몇 가지 일만 처리할 뿐 정작 중요한 문제들은 뒷전이 되어버리고 만다. 마음의 안정이 없고 늘 초조하다. 초조함을 해결할 시간적인 여유와 적절한 평안을 스스로에게 부여하지 않는다. 초조함의 악순환인 것이다.

좋은 결과물을 내기 위해서는 충분한 과정이 필요하다. 그런데 과정보다는 당장의 결과에만 연연한다. 이것이 화염토초한 인생의 문제점이다.

초(焦)는 '지치다, 타다, 애태우다, 그을리다'라는 뜻이 있다. '들피지다'라는 뜻도 있는데, 그 의미는 굶주리고 쇠약해지는 것을 의미한다. 급하게 과로하는 자는 수명도 일도 단명한다. 결국 유의미한 성과를 내는 데 실패하고, 몸과 마음만 상한 채 드러눕거나 반작용으로 유흥에 빠져서 세월을 탕진하니 가난해진다.

화염토초한 사람들의 인간관계를 보면 성미가 급하니 흥분을 잘하고, 마른 흙이니 다른 사람을 받아들일 여유가 없어서 자신만 내세우며, 남의 말을 들으려 하지 않고 자존심만 내세우고 독단적인 고집을 끝까지 부린다. 이러하니 가난해도 누구 하나, 심지어 가족들조차 도와주려 하지 않고 외면한다. 그렇기에 화염토초의 구조는 걸인의 운명이 되고 마는 것이다.

솔루션 27. 물의 지혜를 배운다

화염토초한 사주 구조를 가진 사람 혹은 현재 운의 흐름으로 인해 화염토초한 상태에 놓인 사람은 어떻게 해야 하는가?

우선 허둥대지 말라. 이 모두가 물이라는 중심이 없기 때문이다. 화염토초는 물이 필요하다. 따라서 물의 지혜를 배워야 한다. 지금 이 순간에도 무엇인가를 빨리 얻고 이루기 위해 허둥대지 말라. 먼저 심호흡을 하고 살펴보자. 간단히 서너 가지 정도로 정리할 수 있다. 물은 지형을 가리지 않고 흘러간다. 세상이 흘러가는 대로 지켜보고 받아들일 줄 아는 지혜가 필요하다. 욕심, 이상, 불이 만들어놓은 환상에 자신의 마음을 묶어놓고 현재의 자신이 그렇지 못하기에 분노와 불안과 초조함이 생기는 것이다. 지형을 가리지 않고 흘러가는 물의 지혜를 배워 지금 자신이 흘러가고 있는 지형에 적응하고 그 속에서 뭔가 즐거움과 성과와 보람을 찾는 지혜가 필요하다.

다음으로 불처럼 조열하게 타올라 재만 남기는 인생이 되어서는 곤란하다. 물처럼 오래도록 흘러가면 드넓고 황홀한 바다에 이를 것이다. 게임에 빠진 학생, 술·담배·쇼핑·유흥에 빠진 성인들이 모두 초조함의 반작용으로 지금의 즐거움에 자신을 태워버리는 사람들이다. 굳이 지금 사탕 하나를 먹고 싶은 욕구를 참으면 곧 2개의 사탕을 얻을 수 있는, 『마시멜로 이야기』를 하지 않더라도 지금의 기분, 지금의 즐거움만 중시해서는 재밖에 남지 않는다. 불에 탄 집 위에 앉아서 통곡하는 기분을 잠들기 전 혹은 아침마다 느끼는 어리석음을 반복하지 말아야 한다.

끝으로 상선약수(上善若水)라는 말도 있다. 물은 만물을 이롭게 하면서도 싸우지 않는다. 그렇기에 지극한 선은 물과 같다는 것이다. 화염토초한 사주들은 다툼이 잦다. 감정에 빠져서 쉽게 흥분하고 다투지 말라. 늘 조급하고 흥분하는 놈이 손해 본다는 것은 자명한 세상의 이치다. 다투지 말고 현명하게 실익을 구하라.

화염토초의 운명을 비관하지 말라. 모든 오행은 강점과 약점이 있으니 한 줄기 물의 지혜를 자신의 것으로 만들 수 있다면 화풍정(火風鼎, 솥의 의미를 가진 『주역』 50번째 괘로 크게 길함)의 공(功)을 이룰 것이니 물을 불로 끓여 만인을 먹여 살리는 큰 그릇이 될 것이다.

02

법이 다한 곳에는
사람이 살아남을 수 없다

이따금 안부를 주고받는 사이인 B형은 법을 다루는 직업을 갖고 있다. 법률사무소에서 사무장으로 일하고 있는 그는 밝은 성격에다 성실한 성품으로 모두에게 인기가 좋은 편이다. 동호회 활동으로 등산을 하고 있는데 그가 빠지는 등반에는 참여하는 사람들이 줄어들 정도로 덕망을 얻고 있다.

하지만 내가 알고 있는 그의 20대는 그렇지 못했다. 그는 원하는 대학에 들어가지 못하고 여러 번 입시에 실패하면서 결국 대학 진학에 실패한다. 그러면서 수년간 방황의 과정을 거쳤다. 그 기간에 술을 마시면 사람들과 시비가 붙어서 경찰서도 여러 번 들락거리고 합의금 때문에 부모님의 속을 크게 썩이기도 했다.

B형이 나와 인연이 되어 사주를 보아달라고 했을 때는 이미 정

신을 차리고 아는 사람의 소개로 법률사무소에 들어간 지 몇 년이 지난 후였다.

B형의 사주를 풀어보니 진법무민 구조의 사주였다. 어렸을 때 부모님 속 좀 썩이셨겠다고 하니 들려준 이야기가 앞의 내용이다.

"진법무민으로 하늘의 도가 땅에 떨어진 시기를 지나 5년 전부터 서당 훈장의 대운이 들어왔네요. 서당 훈장이 말 안 듣는 악동을 교화시키는 운으로 25년이 더 흐르니 걱정 없습니다."

"그럼 그 후로는 어떻게 됩니까?"

"훈장님이 가시면서 큰 칼을 건네주니 잘 쓰면 장수가 될 수 있겠지요. 진법무민이 운이 잘 풀리면 재주 많은 장군이 됩니다."

그러면서 이번 대운에서 야간대학이라도 들어가라고 일러주니 그러지 않아도 준비하고 있다고 했다. 그는 이미 진법무민을 거쳐 왔지만 사주를 보면 그러한 운을 앞둔 사람들도 많이 있다. 지극히 위험하니 진법무민의 약점을 잘 알아서 자신의 중심을 잘 세우면 위기를 오히려 기회로 삼을 수 있을 것이다.

진법무민, 난세의 법과 치세의 법

진법무민(盡法無民)의 사주 구조는 어떠한가? 사주에 일점 나를 극하는 칠살 혹은 관성이 있다. 내 사주의 관살은 곧 나를 제약하는 것이니 나 스스로를 통제하는 법이요, 자제력이 된다. 그런데

이 관살을 극하는 별인 식상이 생월, 생일, 생시의 힘 있는 자리를 차지하고 있어서 매우 강력하다. 이렇게 되면 관살은 전혀 힘을 쓰지 못하고 무력한 상태가 되어 진법무민의 구조가 된다.

진법무민이란 법이 다한 곳에는 백성이 없다는 것이다. 여기서 법이 다했다는 것은 법이 자신의 힘을 모두 소진해서 잃어버렸다는 것이다. 우리는 흔히 법이 강하면 살기가 힘들 것이라고 생각한다. 반면 법이 강하지 않으면 사람들이 살아가기에 자유롭지 않을까 하는 추정도 해본다.

법은 강한 것이 좋을까, 약한 것이 좋을까? 정답은 없으니 강해야 할 때는 강해야 하고, 약해야 할 때는 약해야 한다.

법이 강해야 하는 시기는 난세일 때다. 이러한 시기의 대표적인 예는 광대한 영토를 가진 중국 대륙 전역이 오랜 전화에 휩싸여 있던 전국시대 말기를 들 수 있다. 진나라는 상앙(商鞅)을 재상으로 등용해 한비자의 법가를 받아들였고, 그 단단한 법의 힘으로 혼란스러웠던 전국시대에 패자가 되어 중국 전역을 통일할 수 있었다.

법이 유연해야 하는 시기는 치세(治世), 곧 평화로운 시기다. 특히 막 전쟁을 끝내고 태평한 시대가 되었을 때는 법을 너무 강하게 하는 것이 좋지 않다. 이러한 치세와 법률의 관계는 주공(周公)과 그 아들 백금(伯禽)의 일화에서도 알 수 있다.

무왕이 폭군이 다스리던 상나라를 멸하고 주나라를 세웠을 때 큰 공을 세운 강태공과 무왕의 동생 주공은 각기 제후국으로 제나라와 노나라를 다스리게 되었다. 중앙정부의 일로 바빴던 주공은 자기 대신 아들 백금을 노나라로 보냈는데, 강태공은 5개월 만에 제나라를 평정하고 돌아왔고 주공의 아들 백금은 3년 만에 노나라에서 돌아왔다.

주공이 백금에게 왜 이렇게 오래 걸렸냐고 묻자, 그는 그곳의 풍습을 모두 바로잡느라고 늦었다고 했다. 반면 강태공은 군신 간의 예의를 간소화하고 기존의 풍속을 따라 일 처리를 하고 올라왔을 뿐이라고 대답했다. 주공은 탄식하며 "후일 노나라가 제나라를 섬기게 되겠구나"라고 했다. 실제로 노나라는 약소국으로 남았고, 제나라는 춘추시대의 패권국이 되었다.

그러므로 법은 시기에 따라 강약의 조절이 필요한 것이다. 일반적인 경우에는 어떨까? 법이 일상의 모든 사안을 모두 강력하게 통제하는 것도 불편하지만 최소한의 법규는 반드시 있어야 한다는 것에는 이의가 없을 것이다. 한 나라든, 특정한 조직이든, 한 사람이든 법과 규제가 너무 무르면 사건·사고가 터지고, 결국 조직은 와해되고 사람은 망가진다. 그렇게 해서 아무도 살아남지 못하는 상태, 모두가 그 국가, 조직을 떠나버리고, 인간이 인간 구실을 못하게 되는 상태, 그 상태를 진법무민이라고 한다.

공자가 잠시 노나라를 다스리던 시절이 있었다. 위로부터 법을 엄격히 지키니 부국강병으로 국가는 강건해지고, 백성들은 도덕성이 높아지니 거리에 물건이 떨어져도 줍는 사람이 없었다고 한다. 하지만 나라가 부강해지니 점차 지도자들이 나태해지기 시작했다. 황제가 이웃 나라로부터 여인을 조공 받고, 흥청망청하게 되었고,

공자는 노나라를 떠나버렸다. 결국 노나라는 이웃 진나라의 침공을 받고 나라가 망할 지경에 이르렀다.

솔루션 28. 나라를 세우고 성을 구축하는 법도

진법무민으로 내 삶이 망하거나 무너지지 않으려면 어떻게 해야 할까? 진법무민의 약점을 명확하게 직시하면 답을 찾을 수 있을 것이다.

진법무민의 사주 구조를 가진 사람은 다른 사람과의 약속을 잘 지키지 못한다. 식상의 자율성이 너무 강해서 관살의 책임감을 붕괴시켜버리는 것이다. 남과의 약속을 잘 지키지 않는 사람이 자신과의 약속을 잘 지킬 리가 없다. 결국 자기 절제가 되지 않으니 일생 큰일을 이루지 못한다.

가뭄에 물길 내는 것처럼 제대로 된 성과를 내지 못하고 무슨 일이든 하다 말기를 반복한다. 그렇게 일가(一家)를 이루지 못하니 누가 그 집안의 식솔이 될 것인가? 그가 국가를 맡는다면 백성은 남아나지 않을 것이니 진법무민이다. 식상의 별이 강하고, 관살이 약화된 사람은 운명학이 말하는 진법무민의 경고를 되새길 필요가 있다.

진법무민은 시나브로 한 사회, 한 공동체를 망가뜨리고 한 사람을 망가뜨린다. 국가 이전에 제 몸 하나 세우기 힘든 것이 진법무민의 무서운 폐해다. 진법무민으로 집도 절도 친구도 가족도 없는 부랑자처럼 되고 싶지 않다면 일상의 작은 약속 하나부터 잘 지키는 훈련을 하면서 자기 자신의 하루하루에 대해 책임질 수 있는 법을 굳건히 세워야 한다. 자제력과 약속이 내 삶에 일가를 세울 수 있게 만든다. 꼭 가족을 꾸리지 않더라도 내가 존재하는 근거가 되는 나의 성(城)을 구축할 수 있다는 것이다. 삶에 먼저 선명한 법과 규칙이 있어야 외롭지 않고, 주나라의 성공과 강태공의 여유도 즐길 수 있다는 것이 진법무민의 지혜다.

03

어떤 사람이 하늘로부터
복을 받는가?

평생을 교단에서 학생들을 가르친 M교수님은 내가 존경하는 분이다. 그분은 명문대학을 졸업하지는 않았지만 특유의 성실성과 온화한 성품으로 승승장구해 사회적 지위로 매우 높은 자리에 올랐다. 한때 정부의 일도 맡아서 진행했고 높은 공직에까지 올랐지만 마지막까지 겸손함을 잃지 않고 욕심 없이 내려오는 모습으로 또한 큰 칭송을 받았다.

그분의 삶의 태도도 존경스러운 부분이 있었으니 어쩌면 그 힘의 원천은 오랜 종교 활동일 수도 있을 것이다. 하루도 빠짐없이 매일 새벽에 기도하기를 20년을 넘게 하셨다. 현실에서 가장 본받고 싶은 부분은 그분의 원만한 성품이었다. 한때 경쟁자들이 근거 없는 험담으로 비난해 자신의 뜻을 이루지 못했을 때도 일일이 그 적들에게 전화해서 자신의 뜻을 해명하고 그들을 품어주었다. 그런 일화들을 듣고 실제로 그런 모습을 보면서 저런 부분은 나도 닮을 수 있도록 노력해야겠구나 하는 생각을 가지게 되었다.

우연히 그분의 음력 생일을 알아서 사주를 본 일이 있었다. 식명유기의 사주라는 것을 보고 '그러면 그렇지'라고 생각했다. 식명유기는 대도무문(大道無門, 큰 도는 꺼리는 바가 없음)이라 잘 구성되면 그 넓이와 깊이가 바다처럼 광대한 것이다.

식명유기, 무리하지 않고 순리대로 흘러간다

운명학에는 중요한 숙어가 있으니 '식신유기승재관(食神有氣勝財官)'이라는 문구다. 줄여서 식명유기(食命有氣)라고도 한다. 식명유기는 식신의 운명이 기운을 얻었다는 것이다.

식신유기승재관은 풀이하자면, 식신이 기운이 있으면 재관보다 더 낫다는 것이다. 재관의 재는 재물운이요, 관은 관직운이다. 현대적인 용어로는 직장운, 시험 합격운, 공직운이라고 할 수 있다. 명리는 세속의 운을 이야기하는 것이니 재관이 가장 중요하다. 명리학 고전을 보면 처음부터 끝까지 재관에 대해 이야기하고, 재보다 관을 조금 더 높게 보는 경향이 있다.

그런데 그것을 뛰어넘는 이야기가 처음 나오니 주목하지 않을 수 없는데, 그것이 바로 이 식신유기승재관이라는 말이다. 식신이라는 별이 기운이 있으면 재관운이 좋은 사람보다 낫다는 말이다. 식신이라는 별은 무엇이고, 기운이 있다는 말은 무엇인가?

식신(食神)은 '먹을 식(食)'자에 '신 신(神)'자로 구성되어 있으니 쉽게 말하면 먹을 복이 있는 신이다. 이 먹을 복이 있는 신은 오행의 구성으로는 일간인 내가 돕는 오행이면서 음양이 같은 것이다. 태어난 생월이나 다른 연, 일, 시의 지지에 식신이라는 별을 가지고 있고, 그 별이 튼튼하면 식신이 유기한 것이다.

일간이 도와주는 오행은 왜 식신이 되는가? 일간이 도와주는 오행을 가진 자는 원만하게 자신의 실력을 펼쳐나간다. 누군가를 돕고, 세상을 돕는 것으로 즐거움을 느껴서 노력한다.

그러한 과정을 따라 한곳에 정체되어 있지 않고 잘 흐르는 사람이다. 새로운 것을 찾아서 떠나는 사람인데, 억지로 무리하지 않으면서 올바른 길로 간다. 거칠고 험악한 것을 싫어하고 남을 돕는 것을 좋아한다. 그것이 내가 돕는 오행을 가진 사람, 즉 식신이라는 별을 가진 사람의 특성이다. 원만하게 노력하니 그 성과로 먹을 복을 비롯한 복이 많아진다. 그래서 식신이다.

솔루션 29. 대도에는 문이 없으니 원만함이 최고의 지혜

그렇다면 식신과 식명유기의 강점을 하나씩 살펴보자.

먼저 식신은 공포영화처럼 날카롭고 잔혹한 것을 싫어한다. 문제

해결을 하는 데 있어서 원만한 해결을 원하지, 일도양단(一刀兩斷, 한칼로 두 조각으로 나눈다)하듯 생살지권(生殺之權, 삶과 죽음을 결정하는 권리)을 부리며 누군가를 죽이는 것을 싫어한다. 그래서 선한 중재자 역할을 할 수 있다. 그리고 유머, 웃음, 문화, 예술로 화합하기를 바라고 그것을 위해 노력한다. 따라서 식신이 있는 사람은 거칠고 잔혹한 전쟁의 상황을 몰아내는 힘이 있다. 그렇기에 자기 자신도 뭇 사람들의 애정을 받고, 실수하거나 문제가 생겼을 때도 큰 형벌을 받지 않는다.

식신이 유기하다는 것, 힘이 있다는 것은 어떤 것인가? 식신이 힘을 얻기 위해서는 일간 자체가 힘이 있는 것이 선행되어야 한다. 또한 식신이라는 별이 파극되어 있지 않아야 한다.

먼저 식신이라는 별이 파극되는 것은 무슨 연유인가? 지나치게 심각해지는 것이다. 생각이 너무 많아서 자연스럽게 무엇인가를 진행할 수 없는 것이다. 행동으로 옮기지 못하고 노력하지 못한다. 자연스러움과 원만함을 잃어버린다. 그것은 식신의 발목을 사로잡는다. 식신이 파극되지 않게 하기 위해서는 생각을 줄여야 한다. 옳고 그름에서 벗어나고 과도한 이성의 작용력을 줄임으로써 자연스러움을 회복해야 한다.

생각과 실천, 생각과 행동, 머리와 몸의 균형을 회복해야 한다. 건전한 유흥과 오락을 즐기고, 연애를 하는 것도 도움이 될 수 있다. 땀 흘리는 운동도 도움이 된다. 조금 강하게 이야기하자면 식신을 짓누르는 무거운 바윗돌 같은 생각과 생각을 날려버릴 수 있다면 뭐든지 해야 한다. 이것이 식신을 파극으로부터 구제하는 길이다.

다음으로 일간이 힘을 가진다는 것은 무엇인가? 식신이 충분히 힘을 발휘하기 위해서는 일간이 힘이 있어야 한다. 재능을 발휘하고 원만하게 노력하기 위해서는 기본적인 힘이 있어야 한다. 일간이 힘이 있다는 것은 자기 주관이 분명해 스스로 호흡할 수 있다는 것이다. 세태와 얕은 유행에 휩쓸리지 않고 자신이 정한 길로 꾸준히 나아갈 수 있는 주체적인 의식을 말한다.

이러한 조건들을 갖췄을 때 식신유기승재관이 된다. 재물이나 명예는 누구나 갖고 싶어 하는 것이지만, 기본적으로 경쟁을 통해 얻어진다. 즉 상극 관계를 통해 얻어지는 것이다. 하지만 식신은 상생의 힘으로 얻어지는 것이다. 식명유기한 자는 일생 험한 일을 당하지 않고 먹을 복을 비롯한 복록이 넘쳐난다. 그리고 남에게도 그 복록을 베푸니 장구한 복을 누린다. 자기 주관과 두루 원만함, 대도에는 문이 없다는 노장(老莊)의 도를 되새겨 얕은 시비와 세파의 분쟁에서 벗어난 식명유기의 삶을 즐겨 보는 기회를 가져보길 바란다.

04

허물과 결함이 있는 인생에 관하여

오래전의 일이다. K씨가 나를 찾아왔을 때는 무척 초췌한 모습이었다. 볼이 쏙 들어가고 머리카락도 듬성듬성 힘이 없었는데, 미처 신경을 쓸 수 없었는지 그마저도 산발(散髮)이 된 것을 고무밴드로 대충 묶어둔 상태였다.

키는 크지 않지만 호리호리한 체형이었는데, 몇 마디 나누자 이내 눈물 바람이었다. 사업을 하던 남편이 투자를 받아 사업을 더 키워나가던 중 갑자기 교통사고로 세상을 떠나는 바람에 큰 빚을 떠안게 된 것이다.

진정하시라고 하고는 그녀의 사주를 보았다. 사주가 격이 뚜렷하고 음양의 조화도 좋은 괜찮은 사주였는데 내가 격에 해당하는, 즉 얼굴로 내세우고 있는 천간을 괴롭히는 병이 하나 있었다. 그런데 대운이 바뀌면서 새롭게 들어온 운이 그 얼굴에 해당하는 천간을 정면으로 땅 하고 때리는 형국이었다. 병이 제대로 득세(得勢)해서 나를 정통으로 가격한 것이다.

내가 표정이 심각해지자 K씨는 더 불안해했다. 얼른 표정을 풀고 병이 해소될 기미가 있는지, 언제 가능한지를 샅샅이 찾아보았다.

"너무 걱정 마세요. 지금 대세운이 함께 병들어서 그런데 내년부터 조금씩 나아질 것이고, 앞으로 3년 후에는 완전히 제거기병할 수 있을 것입니다."

그리고 어떤 분야의 사람을 찾아서 도움을 받아야 좋을지 이야기하고, 심지어 주위에 있는 사람들의 성씨와 사는 집의 방향까지 다 목록을 만들어가면서 함께 답을 찾아나갔다.

이후 K씨는 관공서와 수첩에 주소와 연락처가 기록되어 있던 남편 친구 중 몇 사람의 도움을 받아 빚을 대폭 줄였다. 그리고 남편의 사업을 자신이 이어받아 1년이 지나자 어엿한 중소기업의 사장으로, 한편으로는 자신의 경험담을 바탕으로 강의까지 다니면서 활력 있게 살아가고 있다. 위기에서 자포자기하지 않고 희망을 갖고 하나씩 타개해나간 노력의 결실은 달콤한 것이었다. 운명학이 한 사람의 인생에 가장 큰 도움을 줄 수 있는 부분은 바로 여기에 있다.

제거기병, 조금은 특별한 동반자

제거기병(除去其病)이란 말은 말 그대로 그 병을 제거한다는 말이다. 그 병이란 사주에서 가장 문제가 되는 것을 말하니 사주상에서 필요 없는 오행 혹은 필요한 오행을 극하여 괴롭히는 오행을 제거한다는 의미다. 따라서 제거기병은 사주의 병이 제거되는 것을 말한다. 제거기병은 사주에서 병이 있고, 병을 제거할 수 있는 요소가 있거나, 운에서 그런 약을 만나면 좋다는 것을 넘어 병이 있고 약이 있으면 병이 없는 것보다 낫다는 확장된 의미로 활용되기도 한다.

중국에서 가장 유명한 의사로 손꼽히는 인물 중에 화타(華陀)가 있다. 『삼국지』에도 등장하는 화타에 대해서는 독자 여러분도 한번쯤은 들어보았을 것이다. 관우가 바둑을 태연하게 두면서 팔뚝의 화살촉을 제거한 일화로도 유명하다.

고대 중국 후한 말기에 활약한 명의 화타는 당대 못 고치는 병이 없어서 의성(醫聖)으로 불렸는데, 그 화타에 관한 이야기 중에 다음과 같은 일화도 있다.

화타의 친구 중에 친척이 오랜 질병을 앓는 분이 있었다. 대수롭지 않은 병이었지만 오랫동안 앓고 있었기 때문에 친척들이 성가시고 불편해했다. 친구는 화타에게 그 병을 낫게 해달라고 부탁했다. 화타는 약을 썼지만 병이 완전히 낫지는 않았다. 친구는 화타에게 병을 온전히 낫게 해줄 수는 없냐고 물었지만, 이대로 두자고 했다.

화타가 멀리 여행을 갔다 돌아왔더니 그 친척이 유명을 달리해 저세상 사람이 되어 있었다. 화타가 무슨 일이 있었냐고 했더니 친구의 말인즉슨, 자네가 없어서 다른 의원에게 찾아갔더니 그 병을 완전히 낫게 해줄 수 있다고 했다는 것이다. 그런데 그 병이 씻은 듯이 낫고 나서 몇 달 지나지 않아 다른 큰 병을 얻어서 그렇게 되었다는 것이다.

화타는 괴로워하면서 '그 병이 그 사람을 지탱하는 힘이었는데 안타깝도다'라고 탄식했다. 그 병으로 인해 계속해서 인체의 어떤 부분이 활성화되고, 그것이 다른 병을 일으키는 것을 막고 있었던 셈이다. 오묘한 인체의 이치라고 할 수 있다.

솔루션 30. 단점으로 성공하다

이처럼 특정한 질병, 특정한 결핍 같은 것이 우리 삶에 활력을 불어넣고 도움이 되는 경우는 얼마든지 찾아볼 수 있다. 우리는 모든 결핍이나 모든 질병이 제거된 삶을 살 수는 없다. 질병은 생물학적으로 항상성이 깨지는 상태를 말한다. 항상성은 안정된 상태가 유지되는 것을 말한다. 그런데 우리의 세포가 완전히 안정된 상태를 찾는 것은 죽음 이후밖에 없다고 한다.

즉 우리 사주에 있어서도 어느 정도의 질병은 있는 게 좋다는 것이다. 질병이 완전히 없는 사주, 상호 생생불식(生生不息)하면서 조금의 형충(刑衝)과 같은 다툼이 없이 마치 물레방아 돌아가듯이 잘 돌아가는 사주도 물론 있다. 그런데 그런 사주의 주인공들이 크게 분발하지 못하고 평탄하기만 한 무색무취한 삶을 살아가도 경우도 많다.

그런데 사주에 일정한 병이 있고, 그것을 제거하려는 요소가 있는 사주는 확실히 한 분야에서 상당한 성공을 거둔다. 즉 사주에 병이 없는 사람보다 병이 있는 사주가 더 나은 것이다. 그리고 그렇게 분발하고 노력해서 성과를 거둔 사주는 주체적이고 삶의 보람도 남들보다 더 크기 때문에 살아갈수록 자신감과 만족감이 더 커진다.

당대에 이미 위대한 학자였고 한의사로도 고명했던 다산 정약용 선생은 이렇게 말씀하셨다.

"허물이 있고, 그 허물을 고쳐나가는 자가 본래 허물이 없는 자보다 낫다."

우리네 삶도 이렇게 모든 것이 평탄하기를 바란다거나 모든 능력을 갖추기를 바라는 것보다 어느 정도 허물이 있는 것이 낫다는 마음가짐이 필요하다. 허물이 없는 사주는 중노년기에 불의의 문제가 생겼을 때 대처를 해본 경험이 없기 때문에 한순간에 무너지는 일도 많다.

허물을 알면서도 고치지 않는 어리석음이 문제일 뿐 허물 자체는 문제가 아니다. 심리학자들의 말대로 완벽주의는 결핍을 개선하려는 의지마저 무너뜨리는 무기력을 부를 뿐이다.

우리는 누구나 모든 것을 갖추지는 못한 불구의 존재다. 한편으로는 그렇기에 서로 존중하고 아끼며 함께 살아가는 것이 아니겠는가? 완벽한 인생은 없다. 결핍을 인정하고, 결핍으로 불구한 자신을 사랑하고 그 힘을 바탕으로 분발하는 삶을 살아가는 지혜가 필요하다.

05

운명의 가장 근본적인 도를 찾다

고교 시절부터 친하게 지내던 2명의 친구가 있었다. 둘 다 제대 후 복학을 한 20대 중반이었는데 L군과 P군이다. L군은 큰 키에 짙은 눈썹을 하고 있었고 목소리가 시원시원하게 컸다. P군은 중간 정도의 키와 둥근 얼굴에 조곤조곤한 말투를 갖고 있었다.

두 사람은 같은 대학 같은 과를 들어갔지만 성향이 달랐으니 L은 테니스·수영·피아노 등 예체능에 뛰어난 재능을 갖고 있었고, P는 외국어를 잘하고 전공과 무관하게 컴퓨터 프로그래밍에 능했다.

어느 날 두 사람은 의기투합해서 L은 매일 방에 앉아서 컴퓨터만 하니 몸이 허약해진 P를 데리고 나와 운동을 시켜주기로 했고, P는 L에게 영어와 간단한 프로그램 언어를 가르쳐주기로 했다. 소주를 한잔 걸치고 함께 자취방으로 돌아가는 길, 기분이 좋아진 대학생 L은 과장스럽게 테니스 폼을 보이면서 자신의 솜씨를 자랑했고, P는 술 마시고 혀가 꼬이니 영어가 더 잘된다면서 영시를 읊어댔다.

지나가던 학교 앞 분식집 사장님은 흐뭇한 표정으로 그 모습을 지켜보며 오성과 한음같이 보기 좋다면서 한마디 거들었다.

세월이 많이 흐르고 비록 한 사람은 이른 나이에 불귀의 객이 되었지만, 남은 친구는 지금도 그 시절을 잊지 못하고 나에게 가끔 그 친구의 이야기를 들려준다.

몇 번을 추억해도 지겹지 않은 이유는 뭘까? 우리는 모두 강점이 있고 약점이 있다. 그리고 각자의 부족함으로 서로를 좋아하는 존재들이다. 부족함을 채워주는 상대가 있기에 그 상대를 좋아하게 되고, 그렇게 사랑하는 상대가 있기에 나의 부족함이 열등감이 아니라 오히려 내 기쁨의 원천이 될 수 있다. 나는 녀석의 이야기를 들으면 억강부약이라는 운명학의 근본적인 도를 다시금 떠올리게 된다.

억강부약, 나아가고 물러가는 인생의 이치

억강부약(抑强扶弱)은 강한 것은 억제하고 약한 것은 돕는다는 말이다. 즉 억강부약은 중용을 지향하는 운명학의 도를 말하는 것이다.

억강부약은 명리학의 고전 『적천수』에도 나오는 말인데, 『적천수』 도입부에 다음과 같은 글귀가 우리 마음을 사로잡는다.

대천리지유인귀 순즉길혜흉즉패(戴天履地唯人貴 順則吉兮凶則悖)

요여인간개농외 순패지기수리회(要與人間開聾瞶 順悖之機須理會)

리승기행기유상 진혜퇴혜의억양(承氣行豈有常 進兮退兮宜抑揚)

하늘을 이고 땅을 밟으니 오직 인간이 귀하다.

순한즉 길하고 흉한 것은 어그러지는 것이다.

인간으로 하여금 듣지 못하고 말하지 못하는 것을 열게 하는 것을 요하니,

순하고 어그러지는 기틀에 대해 그 이치를 마땅히 알아야 한다.

이치를 계승하여 기가 행하는 것은 늘 일정하지 않으니,

나아가고 물러나는 데 있어서 마땅히 억양(억누르거나 발양함)을 살펴야 한다.

여기서 이치는 천지의 이치를 말한다. 천지의 이치를 잘 받아서 순조롭게 하면 길하고, 그 천지의 이치와 서로 맞지 않아 어그러지면 흉하게 된다. 그런데 이 천지의 이치를 계승해 기운이 행하는 것, 즉 인간이 삶을 살아가는 것이 늘 일정하게 중용을 따라 정확하지 않은 것이 문제다. 따라서 진퇴, 삶을 살아나감에 있어서 선택하고 결정하고, 실천하는 것에 있어서 반드시 무엇을 억누르고,

무엇을 도울 것인가를 살펴야 한다.

사주팔자는 5개의 원소로 환원할 수 있으니 바로 목화토금수다. 이 목화토금수를 어떻게 억양, 억부(抑扶)할 것인가가 인간 길흉의 관건이다. 길하게 행복하게 사느냐, 흉하게 괴롭고 고통스럽게 사느냐의 관건인 것이다.

이 오행을 관리하는 것, 즉 이 오행을 잘 컨트롤하는 방법이란 무엇일까? 오행 관리에 대한 지침을 마음 씀으로 전환시켜 살펴보는 것이 가장 현명한 방법이 될 것이다.

솔루션 31. 오행과 오신의 마음을 자유자재로 다루는 법

오행을 마음 씀으로 전환시킨 것이 오상(五常)이다. 오상은 유학에서 말하는 인의예지신(仁義禮智信)이다.

목은 어진 마음, 살리려는 마음이다. 화는 밝고 적극적이며 활기차고 예의 바른 마음이다. 토는 믿음의 마음, 포용하는 마음이다. 금은 정의로운 마음, 추상같이 불필요한 것을 죽이는 마음이다. 수는 지혜의 마음이다. 이것은 각기 다른 기능을 갖고 있으며, 서로 상충하기도 한다. 어떤 마음을 억누르고 어떤 마음을 발양(發揚, 떨쳐 일으킴)하고 도울 것인가를 결정해야 한다. 어떻게? 바로 시절(時節)에 따라서, 즉 상황에 따라서다. 변화의 도를 따르는 것이다.

오행이 사회적 관계로 변화해 만들어진 것이 오신이다. 오신(五

神)은 인비식재관(印比食財官)이다. 오신은 어떤 마음인가?

인(印)은 인정 어리고 도리를 따르는 마음이다. 비(比)는 자신의 주관대로 밀어붙이는 마음이며 희생적이고 이상적인 마음이다. 식(食)은 창조적이고 변화를 추구하는 마음이다. 재(財)는 현실을 추구하고 경제적 물리적 이익을 지향하는 마음이다. 관(官)은 책임감이 있는 마음이다. 기존의 질서를 지켜나가는 마음이다. 어떤 마음을 살리고 어떤 마음을 억누를 것인가? 그 역시 시절에 맞게 해나가야 한다.

천지가 그렇게 하지 않는가? 봄에는 살리고, 여름에는 화려하게 다양한 만물이 자신만의 색채를 뽐내고, 가을에는 낙엽이 되어 떨어지지만 한편으로 결실하고, 겨울에는 만물이 죽지만 지혜가 축적되어 다음 세계를 준비한다.

인간도 이 천지자연을 본받아 시절에 맞게 시절에 맞는 마음을 써야 한다.

중용(中庸)이란 치우치지도, 의지하지도 않는 근본의 도가 영원히 지속됨을 말한다. 중화(中和)란 이러한 중용의 도가 세상에 나올 때 만물의 시절에 맞게 조화롭게 나오는 것을 말한다.

운명의 도도 이와 같다. 인간의 도, 생명의 도는 영원하다. 그것을 생생불식, 나고 나서 영원히 멈추지 않는 것을 말한다. 작년 5월에 핀 장미는 죽었지만, 올해 5월 또 다른 장미가 그 자리를 채우고 있다. 서로 다른 장미이지만 장미 자체는 그 빛나는 붉은빛을 영원히 뽐내고 있다.

아리스토텔레스 역시 궁극적인 행복에 이르는 길이 중용에 있다고 했다. 서로 다른 극단의 두 가지 마음을 조합하는 것이다. 무모하지도 비겁지도 않게 필요한 순간 용기를 내고, 낭비하거나 구두쇠가 되지 않고 상황에 맞게 절제하고, 오만하거나 비굴하지 않고 긍지를 잃지 않는 것이다. 어느 일편을 고집하지 않고, 상황에 맞게 쓸 수 있는 중화된 마음을 가져야 한다.

운명학은 중화의 도를 추구한다. 시절에 맞게 강한 것은 억누르고 약한 것은 돕는 것, 그렇게 내 마음을 중화에 맞춘다면 순천자(順天者)는 흥하고 역천자(逆天者)는 망한다는 이치에 맞게 길흉을 관장할 수 있을 것이다.

물론 그렇다고 해서 길흉의 기복이 완전히 없어지지는 않을 것이다. 우리가 신이 아닌 다음에야 불완전한 인생을 피할 수는 없다. 하지만 적어도 개성에 맞게, 자신의 명에 맞게 살아가 학의 다리가 길다고 자르려고 드는 어리석음, 한겨울에 앞서서 홑이불을 준비하는 어리석음과 그로 인한 고통은 피할 수 있다. 자신의 마음을 시절에 맞게 억강부약할 수 있다면 중용·중화의 사령관을 탑재하는 것이니 적어도 자기 운명의 주인공이 될 수 있다.

06

내가 가지지 못한
모든 운명에 대하여

여러 철학관을 전전하다 찾아오는 손님이 있다. 그중에서는 무속인이나 역술인의 말에 상처를 받은 분들도 많아 안타까움을 자아낸다.

자주 있는 경우이지만 결혼 문제로 상담하러 온 S양도 마찬가지였다. 그녀는 회사에 다니는 20대 후반의 여성이었는데, 나를 보자마자 익숙한 듯 생년월일시를 말하더니 미처 사주를 뽑기도 전에 숨 돌릴 틈도 없이 물었다.

"선생님, 제가 정말 결혼을 못 하는 사주인가요?"

그녀는 하소연하듯이 자신의 이야기를 한참이나 늘어놓았다. 한 번 약혼했던 사람과 파혼하고 결혼운이 궁금해서 생전 처음 철학관을 갔는데 혼자 사는 팔자라고 했고, 이후로 몇 군데를 더 갔는데 모두 자신에게 남편에 해당하는 오행이 없다면서 결혼을 못 할 것이라고 이야기했다는 것이다.

"비천록마형 사주네요. 걱정 마세요. 지구에 남자가 없으면 달에서라도 데려오는 방법이 있으니까요."

내가 미소를 지으면서 이야기하자, 그런 황당한 이야기가 어디 있냐면서 그녀도 긴장한 표정을 풀고 갑자기 웃음을 터뜨렸다. 인연이 조금 늦게 찾아오는 것일 뿐, 없는 것은 아니니 너무 걱정하지 말고 지금은 오히려 자신의 일에 충실하라고 했다.

"지금부터 3~4년 지나 자신의 일에서 딱 1단계가 더 올라갔을 때 그때 인연이 찾아올 것입니다."

사주팔자에는 보이지 않게 숨어 있는 글자가 있다. 사람마다 숨어 있는 글자를 찾는 법이 다른데, 그녀의 경우에는 일 안에 남자가 숨어 있었던 것이다. 사람들이 그 이치를 모르기 때문에 어설프게 자신의 사주를 보고 나는 직장이 없네, 나는 남편이 없네, 나는 돈이 없네, 나는 주관이 없어서 사는 게 힘드네 등등의 말을 하는 것이다.

'내 안에는 나만 있는 것이 아니다'라는 류시화 시인의 시구처럼, 사주팔자는 여덟 글자로 구성되어 있지만 그 여덟 글자만 있는 것이 아니다.

비천록마, 달 그림자를 만난 사람이
들려주는 이야기

앞 절 억강부약과 비천록마(飛天祿馬)를 가장 마지막 장으로 배치한 이유가 있다. 여기에 이 책의 핵심적인 주제가 담겨 있기 때문이다. 하나는 운명의 근본을 아는 것이고, 다른 하나는 운명을 바꾸는 비결이다. 그것이 운명경영이다.

비천록마의 비천(飛天)은 하늘로 날아오른다는 것이고, 녹마(祿馬)는 관직운과 재물운을 의미한다. 말하자면 하늘로 날아올라 재물운과 관직운을 가져온다는 뜻이다. 비천록마의 명리학적 구조는 금일간과 수일간이 지지에 쥐띠에 해당하는 자(子)의 지지가 많을 때 이들이 하늘로 올라가서 자신과 정반대의 성격인 말띠에 해당하는 오(午)를 충동(衝動)해 데리고 온다는 것이다. 이 오가 가지고 있는 뜨거운 불의 기운과 둔중한 흙의 기운은 오행의 생극제화 구조에 의해 금일간과 수일간의 관직운과 재물운이 된다.

하늘로 올라가서 정반대의 기운을 데리고 온다는 것이 무협지와 같이 허황한 이야기처럼 들린다. 하지만 그렇지 않다. 비천록마는 『연해자평』이라는 자평명리학 최초의 고전에 분명히 제시된 이론이다. 사주의 격국 중에서 특수격들 중 하나이며, 특수격들의 원리 설명을 통해 운명학의 깊은 이치를 들여다볼 수 있다. 이것을 달의 그림자를 가져오는 것이라고 하여 월영요계(月影遼桂, 달의 그림자를 만나고, 계수나무의 가지를 꺾는다)라고 표현하기도 한다.

이 비천록마의 이치는 『주역』을 비롯한 동양철학과 운명학 고전에도 그대로 나와 있는, 오행의 극즉반(極卽反, 극에 이르면 바뀐다)의 원리와 연결된다. 쉽게 말하자면 이러한 특수격들에게는 정연한 이치가 있으니 바로 극과 극은 통한다는 것이며, 월영요계는 궁극에 이르면 변한다는 이론의 문학적 표현이다.

현실에 적용해 무엇을 취할 것이냐 하면, 월영요계에 해당하는 격들은 사주에 극단적인 요소가 강한데, 그것으로 인해 오히려 귀격이 되는 것이다. 대체로 사주팔자는 극단적인 것을 좋아하지 않고 중용을 취하는 것을 기본으로 하지만, 극단적인 사주라고 해서 반드시 나쁜 것만은 아니다. 또한 어느 것이 부족하거나 과하다고 해서 실망할 것도 아니다.

일반적인 사주는 재물운도 튼튼하고 명예운, 학업운, 인간관계운 등을 조화롭게 모두 갖추고 있으면 좋은 사주라고 본다. 물론 운에서도 마찬가지다. 단언컨대 그런 완벽한 사주는 없다. 있어도 운에 따라 계속 결함을 갖게 된다.

모든 사주는 결함을 갖고 있다. 하지만 그 결함에 연연할 필요는 없다.

솔루션 32. 하늘로 날아올라 운명을 바꾸는 법

재물에 해당하는 별이나 관직에 해당하는 별이 없는 사람들도 많은데 그들은 평생 재물도 없고 직장도 없는 것인가? 그렇지 않다. 사람은 모든 운명적 자질 일체(一切)를 갖추고 있으니 사주에 오행을 전부 갖추지 못했다고 하더라도 한 인간에게 오장육부(五臟六腑)가 모두 있는 것과 같다.

목성, 화성, 토성, 금성, 수성, 태양과 달, 이들이 지구에 미치는 영향력, 인력이 어느 순간 어떤 것이 조금 더 강해지거나 약해지더라도 그 별들이 우주에서 사라진 것이 아니기 때문이다. 각 별의 공전과 자전에 의해 이들의 관계가 시시각각 달라지더라도 그 별들이 사라진 것은 아니다.

그처럼 인간은 실제로는 오행을 모두 갖추고 있으며, 십간십이지를 모두 갖추고 있다. 당연히 오신, 즉 인비식재관도 모두 갖추고 있다. 인덕과 학업 기운, 전문성과 집념의 기운, 예술 창조의 기운, 재물의 기운, 관직 명예의 기운을 모두 갖추고 있다.

그중 어떤 것이 더 많이 발현되느냐, 덜 발현되느냐의 차이일 뿐 그 원소, 소인(素因)은 모두 갖추고 있다.

인성은 도리를 지키는 마음과 학습 욕구를, 비겁은 한 분야를 완성하는 집념을, 식상은 융통성을, 재성은 현실 감각을, 관성은 약속을 지키는 책임감이라는 덕목을 말한다. 오행의 덕목은 인의예지신이라고 말한 바 있다.

우리는 필요할 때 그것을 꺼내 쓰는 지혜를 발휘해야 한다. 그러려면 평소에 부족한 부분을 단련해두어야 한다.

또한 반드시 운명을 모른다고 해도 인생을 잘 살아가는 방법은 단순하다. 우리의 본성은 모든 것을 알고 있기에 우리의 본성을 밝히면 된다. 거창하게 생각하지 않더라도 지금 내가 진짜 원하는 것이 무엇인지를 찾는 것, 그것을 말한다.

내 본성은 일일이 운을 살펴 취길피흉(取吉避凶, 길한 것을 찾고 흉한 것을 피해 다니다)에 연연하지 않더라도 내 운명이 지금 무엇을 해야 하는지 본능적으로 알고 있다. 다만 두려움이나 탐욕 때문에 본성이 가려져 있을 뿐이다.

때로는 거친 파도 속으로 들어가는 것이 장기적인 관점에서 내 인생을 더욱 풍요롭게 만들 수 있다는 것을 내 본성은 직감적으로 알고 있다. 때로는 잠시 다리쉼을 쉬며 풀꽃의 향기도 맡고 여러 사람의 이야기를 찬찬히 듣고 가는 것이 더 큰 힘을 발휘할 수 있다는 것을 내 본성은 알고 있다.

베스트셀러였던 『신과 나눈 이야기』라는 책에서 닐 도날드 월시(Neale Donald Walsch)가 말한 것처럼 신은 당신이 원하는 것을 원한다. 운명도 마찬가지다. 운명은 오직 당신이 진정으로 가고자 하는 당신만의 길을 응원할 뿐이다.

운명학은 내가 부족한 것을 직접적으로 취하지 못하더라도 충동질하거나 합해서 가져올 수 있다고 말한다. 그것이 바로 월영요계, 비천록마의 방법이다. 달그림자처럼 먼 것을 맺어서 가져오는 방식이다. 하늘로 날아올라 가져오는 것이다.

날아서든 걸어서든 하늘까지 올라가면 그곳에서는 내가 필요한 모든 것을 가져올 수 있다. 오직 나는 내가 꿈꾸는 바대로, 원하는 바대로 끝까지 걸어가면 된다.

가볍게 예를 들면 평생 학업을 추구한 학자가 돈을 추구하지 않았어도 돈이 들어오고, 명예를 추구하지 않았어도 명예를 얻는 것과 같다. 오히려 학자가 돈과 명예를 추구했다면 설사 일정한 학업의 성취를 이뤘다고 하더라도 그 모두를 제대로 얻기 어려웠을 것이다.

또한 평생 사업을 하려던 사람이 사업을 하려다 보니 공부를 열심히 하고, 인사가 만사라고 하여 사원 복지를 위해 사람들을 위하고 장학사업에도 힘썼다면 그 때문에 그는 학업운과 인간관계운을 얻은 셈이다. 또한 판검사나 고위 공무원처럼 높은 관직에 오른 사람이 한 걸음 더 올라가 국회의원과 같은 선출직 공무원이 되기 위해서는 유연한 사고방식과 창의적인 발상을 다듬어야 하고 인간적인 매력을 풍겨야 하니 결국 자신 속에서 숨어 있던 예술가의 면모를 발견하는 것이다.

평생 홀로 산속에서 장인으로 도자기를 만드는 사람일지라도, 혹은 일생 자기만의 대장간에서 보검을 만드는 대장장이라 할지라도 그것이 결국 황실에 들어가기 위해서는 황제의 고고한 취향에 맞아야 하며 전쟁터에서 장수를 만족시켜야 하니 타인의 필요를 고려하지 않을 수 없다. 현대에 비유하자면, 명품 전자제품을 만들기 위해서는 대중의 취향과 필요, 즉 시장성을 고려하게 된다는 것이다.

한 가지를 궁극적으로 추구해 다른 면모를 모두 얻는 것, 그것이 결국 음양이 조화롭게 되는 또 하나의 비결이며, 삶이 온전해지는 또 하나의 묘한 방식이다.

결론적으로 이 비천록마를 통해 무엇을 말하고자 하는가?

내가 진정으로 원하는 길을 걸어가는 것에 내 운명의 답이 있다. 끝까지 걸으면 속도가 붙고, 달리다 보면 날아오르게 된다. 날아오르면 다른 차원이 열리고, 운명을 바꿀 수 있다. 하늘로 올라가면 모두를 가질 수 있는 거대한 또 다른 세계가 열린다. 그리고 그 방법은 자신이 가장 좋아하고 잘할 수 있는 일을 끝까지 걸어가는 것이다.

이제 이 책을 통해 우리가 함께 걸었던 운명에 관한 여로(旅路)를 마무리 지을 때가 왔다. 인간은 누구나 사주 여덟 글자라는 밑그림을 가지고 있다. 인간은 누구나 사주 여덟 글자라는 밑그림을 가지고 있다. 밑그림은 이정표로 어느 시기에 어떤 부분을 통과할 것이라는 점만 찍혀 있다. 어떤 이는 그 밑그림에 구속받아서 점에만 얽매여 살아가고, 어떤 이는 그 밑그림을 잇는 여러 가지 곡선을 그리고 아름답게 채색해 불후의 명작과 같은 인생을 만든다.

그 곡선에 따라, 색깔에 따라 전혀 다른 삶이 펼쳐진다. 여덟 글자를 바탕으로 다양한 선을 그리고 채색을 하는 것, 마치 컴퓨터 디자인 프로그램처럼 운명의 밑그림 위에 투명한 종이 한 장을 얹어서 자유롭게 자신만의 변화를 일으키는 것이 중요하다. 비록 운명이라는 밑그림이 있다고 해도 한 그림을 완성했거나 망치거나 지워우면 다시 다른 투명한 레이어를 얹어 새로운 그림을 그려나갈 수 있다.

율곡 이이가 말했듯이, 많은 성인이 말했듯이 우리 본성은 맑고 깨끗하게 비어 있으면서도 만 가지 도리를 지닌 허령(虛靈)한 영적인 존재이기 때문이다. 그것을 바탕으로 우리는 언제나 자신의 삶을 깨끗한 도화지에 새롭게 그려나갈 수 있다.

그것을 바탕으로 우리는 우리가 지금 맞이한 시운(時運)과 대화하면서 우리가 원하는 캐릭터를, 우리가 원하는 기질을, 우리가 원하는 자신만의 세계를 창조하며 살아갈 수 있다. 그것이 중화를 바탕으로 개성적으로 살아가는 도리다. 자신의 삶을 자신만의 예술 작품으로 만드는 것이다. 그것이 어떠한 운명의 굴곡에도 불구하고 끝없이 나아가는 사멸하지 않는 의지를 발휘할 수 있는 이유다. 삶이란 이러한 운명과 의지의 끝없는 대화인 것이다.

운명경영

1판 1쇄 인쇄 2020년 6월 26일
1판 1쇄 발행 2020년 7월 6일

지은이 정인(正因)

펴낸이 최준석
펴낸곳 한스컨텐츠
주소 경기도 고양시 일산동구 정발산로 24. 웨스턴돔 T1-510호
전화 031-927-9279 팩스 02-2179-8103
출판신고번호 제2019-000060호 신고일자 2019년 4월 15일

ISBN 979-11-966920-8-7   03180

이 도서의 국립중앙도서관 출판예정도서목록(CIP)은 서지정보유통지원시스템 홈페이지
(http://seoji.nl.go.kr)와 국가자료공동목록시스템(http://www.nl.go.kr/kolisnet)
에서 이용하실 수 있습니다. (CIP제어번호 : CIP2020026212)